ゲイカップルのワークライフバランス

男性同性愛者のパートナー関係・親密性・生活

神谷 悠介

新曜社

目次

装幀　鈴木敬子（pagnigh-magnigh）

まえがき

ゲイカップルへの関心

筆者がゲイカップルの研究を始めたのは、大学院に入学した二〇〇七年である。当時は、日本のセクシュアル・マイノリティは社会問題として大きな注目を集めていなかった。しかし、ここ数年、LGBTがメディアを賑わせ、出版ラッシュが続いている。ドラマや映画ではセクシュアル・マイノリティが当たり前の存在として描かれるようになり、十年前には考えられなかった状況である。

これに伴って、ゲイカップルの描き方もリアリティが強く感じられるようになった。映画『怒り』（二〇一六年、李相日監督）では俳優の妻夫木聡と綾野剛がゲイカップルを演じている。妻夫木聡が演じる優馬は大手企業に勤めるエリートビジネスマン、綾野剛が演じる直人は経済的に不安定な若者である。直人は優馬と出会った日に、彼の家に泊まる。それ以降、二人は同居生活を始めるが、両者の生活は対照的である。優馬はゲイの友人たちとリッチな外食を楽しむ一方、直人は家でコンビニ弁当を食べている。

仕事役割の描写もある。優馬は、なかなか仕事に就かない直人に「まだ働かなくても、お金大丈夫なの？」と問いかけている。これらの描写は、家計を別にするパートナー間に生活水準の格差が生じ、さらにカップル双方に働くことが期待されるという本書の知見と一致する。ゲイカップルの複雑な関係性をリアルに映し出しており、興味深い。

ゲイカップルのワークライフバランス

なぜゲイカップルのワークライフバランスを探求するのか。一つには、日本では生活者としてのゲイカップルは、十分知られているとはいえない。同性カップルの法的保障を議論し、生活状況を改善する上で、ゲイカップルの生活のあり方を明らかにすることは重要である。

これまで、同性愛者の性がクローズアップされることが多かった。それは同性愛者が抱えるセクシュアリティの問題を明らかにする意義がある一方で、その意図せざる帰結として、同性愛者を性的存在として強調する効果を生み出したのではないか。

同性愛者は異性愛者と同様、職場では仕事に従事し、家では家事を行い、休日は買い物をしたり、恋人や友人と過ごすこともある。本書は、同居するゲイカップルのパートナー関係、親密性、仕事と生活（職業生活と家庭生活）に注目し、インタビュー調査からゲイカップルの語りをていねいに記述する質的研究の試みである。男性同性愛者の生活者としての素顔、ワークライフバランスのあり方を浮き彫りにして、異性愛を中心とする親密性概念や家族研究の限界を超えて、セクシュアル・マイノリティの婚姻に基づかない多様な関係性を探求したい。

もう一つは、いまだにワークライフバランス研究がダイバーシティ（多様性）の理念を表現していないことを挙げておきたい。ワークライフバランスと重なる用語として、かつてファミリーフレンドリーが掲げられた。ファミリーフレンドリーとは、従業員の家族責任に配慮した施策を整備することを指す。ファミリーフレンドリー施策が進むことによって、異性愛家族の人々は施策の対象となる一方で、未婚者や同性愛者から「なぜ既婚者だけが優遇されるのか」という不満が噴出し、従業員間の分断が起こりかねない状況が生じた。そこで登場したのが、すべての従業員を対象とし、仕事（ワーク）と生活（ライフ）の調和をめざすワークライフバランス施策である。しかし、アカデミズムにおいてワークライフバランスの名を冠した研究の多くが、異性愛家族を対象としている。ワークライフバランスが登場した経緯を踏まえるならば、異性愛家族ではない人々を積極的に取り上げる必要がある。

生活者としてのゲイカップル　ＬＧＢＴと現代社会

本書におけるゲイカップルとは、異性愛者という自認がなく、精神的に親密で、継続的な性関係がある男性カップルを指す。調査対象は、二〇〇七年六月～二〇一〇年一〇月、都市部で同居していた20～40代の正規／非正規の雇用者、自営業者のゲイカップル10組である。その中にレズビアン（女性同性愛者）、トランスジェンダー（性別越境者）は存在しなかった。

冒頭で述べたように、現在ではＬＧＢＴが社会的な注目を集め、さまざまな運動や発言がマスメディアやインターネットの報道で積極的に取り上げられている。教育現場においてもセクシュアル・マイノリティの受容に向けた取り組みが進みつつある。たとえば、二〇一七年度から高校の家庭の教科書においてＬＧＢＴ

という用語が初めて登場する。

「ＬＧＢＴ」はレズビアン（Ｌ）、ゲイ（Ｇ）、バイセクシュアル（Ｂ）、トランスジェンダー（Ｔ）の総称である。本書で論じるゲイカップルにはレズビアンやトランスジェンダーは含まれないため、ＬＧＢＴという表記は避けた。ＬＧＢＴ全部が含まれる場合を除き、それよりも範囲が広いセクシュアル・マイノリティという用語を用いる。

本書の調査から十年近くを経ており、ゲイカップルの最新動向を知ることはできないが、生活者としてのリアリティに注目し、職業生活（ワーク）と家庭生活（ファミリーライフ）に分け入り、パートナー関係と親密性の内実を見ていく。

異性愛家族を超えて　親密性と生活を理論化

職業生活と家庭生活は、仕事、家事、消費などの諸領域によって成り立つが、その多くが異性愛家族を前提としてきた。本書はこうした現状を超えて、セクシュアル・マイノリティを視野に収め、従来の家族社会学の手法をクィア家族研究に取り入れて、親密性と生活の理論化をめざしたい。

本書の書名である「ゲイカップルのワークライフバランス」には、研究者だけでなく広い読者層に本書を手に取ってもらいたいという意図を込めている。現代日本のゲイカップルの生活を知りたい読者は、第２部から読み始めることをおすすめしたい。また、本書では紙数の制約から、学術的な表現を一部省いた。専門家の読者には参考文献に掲載した筆者の論文も合わせてお読みいただきたい。

序章　ゲイカップルの親密性と生活へのアプローチ

1　ゲイカップルへのアプローチ

1・1　本書の対象

近年の家族やセクシュアリティの変容を反映して、事実婚カップル、レズビアン／ゲイカップル、ルームシェアなど法律婚に基づかない、異性愛を前提としない多様な関係性が注目されるようになった。本書は同居するゲイカップルのパートナー関係、親密性、仕事と生活を浮き彫りにして、同性愛者の親密なパートナー関係と生活の複雑な現実への理解を深める。同時に、親密性と生活の理論モデルを再構成することをめざす。

本書ではゲイカップルを「精神的に親密で、お互いをパートナーとして認識しており、現在または過去において継続的な性関係がある二人の男性」としておく。ゲイカップルの人たちがすべてゲイ男性という認識を持つわけではない。たとえば、好きな相手がたまたま同性で自らをゲイ男性と自認しない人、バイセクシュアル（両性愛）の人が含まれる。恋愛感情を性別で区別する人（同性が好きなら同性愛、異性が好きなら異性愛）や、個人で区別する人（この人が好きだからこの人と付き合う）など、多様な性意識、性的アイデンティティがある。

本書のインタビュー調査は、同居するゲイカップルに限定した。子どもを持つカップルや、老親やパートナーを介護するカップルは存在しなかったため、本書で論じる家庭生活に子育てや介護は含まれない。

1・2 〈親密性—生活の相互関係モデル〉

本書の第一の研究アプローチは、現代のパートナー関係に関する理論モデルを再構成することである。第2章で詳しく述べるが、クィア家族研究と後期近代社会論から〈親密性—生活の相互関係モデル〉（以下、〈親密性—生活モデル〉）を示し、ゲイカップルのパートナー関係を考察したい。

〈親密性—生活モデル〉とは、親密性（インティマシー）と生活（ライフ）の相互関係を解明する理論モデルである。本書はクィア家族研究の中でも、社会学者クリストファー・キャリントンとギリアン・A・デュンのアプローチに注目する。

本書ではクィア家族研究を「セクシュアル・マイノリティに関する家族研究」としておく。本書が参照するのは、クィア家族研究の中でも、キャリントンによる「レズビアン／ゲイカップルの関係性を社会経済的文脈に位置づける」（Carrington 1999）アプローチと、デュンによる「セクシュアリティを加えてかき混ぜる（Add Sexuality and Stir）」（Dunne 1998）アプローチである。両者は同性カップルのパートナー関係から仕事と生活の実証的および理論的考察を行った。本書はこれに倣い、レズビアン、ゲイ、異性愛など、カップルのタイプ別のパートナー関係を視野に収める。

後期近代社会論とは、近代社会が構造転換することによって、従来とは異なる新しい段階の近代社会（後期近代、第二の近代）が出現したとする理論である。後期近代社会論に基づく理論は、再帰的近代化（Beck et al. 1994＝1997）やリスク社会（Beck 1986＝1998）、リキッド・モダニティ（Bauman 2000＝2001）、リキッド・ラブ（Bauman 2003）、排除型社会（Young 1999＝2007）などが、近代社会における親密性理論は、Beck and Beck-Gernsheim（1990）や、Luhmann（1982＝2005）などが挙げられる。本書は、後期近代社会論の中でもイギリスの社会学者アンソニー・ギデンズの「純粋な関係性」（『親密性の変容』所収）（Giddens 1992＝1995）に注目する。

「純粋な関係性」とは、パートナー関係において満足感が得られる限りにおいて継続される関係性であり、ギデンズの親密性理論を構成する主要概念である。ギデンズは、他の社会関係から相対的に自律したシステムとして親密性を考察しており、本書では、ギデンズのアプローチを〈親密性モデル〉と呼ぶ。

本書では、同性カップルは〈親密性モデル〉における「純粋な関係性」であるのかを検討し、キャリントンとデュンのアプローチを取り入れた〈親密性―生活モデル〉の再構成を試みる。

1・3　ゲイカップルのパートナー関係

本書の第二の研究アプローチは、先の〈親密性―生活モデル〉に依拠して、同居するゲイカップルのパートナー関係・親密性・生活を明らかにすることである。アプローチするおもな研究カテゴリーと理論は、(1)

家計組織、⑵消費者行動論、⑶家事分担理論、⑷生活領域の親密性論、⑸ワーク・ファミリー・コンフリクト、⑹意思決定と民主主義である。これらは主として異性愛家族を対象に研究が行われてきた。詳細は各章で述べていくが、ゲイカップルの生活実態をとらえるために重要なアプローチである。

⑴家計組織は、パートナー間の家計の管理方法を指す。共通の財布の有無など、家計組織を通して家計の独立性と共同性、パートナー間の生活の個別化、収入と生活水準の格差などの実態を明らかにするアプローチである。

⑵消費者行動は、消費者が製品やサービスなどを取得、消費、処分する際に従事する諸活動の総称である。消費者行動論としての家事の外部化、つまり家事負担を軽減するために有償の家事サービスを利用する条件に焦点を当てる。

⑶家事分担は、家族社会学における主要なテーマの一つである。異性愛家族において、家事分担を規定する要因は何か、家事分担の平等／不平等が探究されてきた。家事分担理論のアプローチからパートナー間の家事分担の比較検討を行い、ゲイカップル特有の仕事役割との関連を浮かび上がらせる。

⑷生活領域の親密性は、同居生活の中で生まれる親密性を指す。特に近代家族（第６章）や「純粋な関係性」とは異なる、ゲイカップルの親密性の特徴を論じる。

⑸ワーク・ファミリー・コンフリクトは、仕事と家庭の間で生じる役割葛藤（コンフリクト）を指す。異性愛家族を対象とするアプローチであるが、カップル双方の仕事が家庭に与える負の影響だけでなく、職場でのヘテロノーマティビティ（従来のジェンダー規範、異性愛、伝統的な家族の価値を促進するイデオロギー的なコード。いわゆる異性愛規範）経験とパートナー関係への影響も見ていく。

(6) 意思決定と民主主義は、パートナー間で生活上の取り決めを行う際に合意に至る、あるいは合意が困難な意思決定プロセスに注目する。民主主義は一般に公的領域を対象とするが、私的領域でも重視されている。ゲイカップルの家計、家事分担、生活費負担などの意思決定プロセスを通して、民主制としてのパートナー関係と平等なパートナーシップを考察する。

2 日本のＬＧＢＴの社会動向と調査研究

2・1 日本のＬＧＢＴの社会動向

近年、ＬＧＢＴに対する社会的認知が高まりつつある。ＬＧＢＴとは、レズビアン・ゲイ・バイセクシュアル・トランスジェンダーの頭文字をとった略称である。レズビアンは女性同性愛者、ゲイは男性同性愛者、バイセクシュアルは両性愛者、トランスジェンダーは性別越境者を指す。トランスジェンダーのうち、生物学的性別への強い違和感によって個人生活や社会生活に支障をきたす人に対する医療上の診断名が「性同一性障害」である。ＬＧＢＴは、セクシュアル・マイノリティと同一視されがちであるが、イコールではない。ＬＧＢＴ以外のセクシュアル・マイノリティとして、自分の性のあり方をまだ決めていない、もしくは決めないクエスチョニングなどが存在する。

セクシュアル・マイノリティをめぐる主要な問題の一つとして、ＬＧＢＴによって、性の多様性への社会的認知が進む一方、そうしたカテゴリーからこぼれ落ちるセクシュアル・マイノリティの存在がある（風間・河口 2010; 森山 2017）。これに対して豊富な具体例から、対等な個人としての付き合いの実践が示されている（牧村 2016）。

一方、同性パートナーシップの法的保障の問題が挙げられる。現在の日本では同性カップルは法的な婚姻関係を結ぶことができず、同性パートナーは法律上他人とみなされる。公営住宅への入居や、病院における面会、財産相続などの権利が保障されない問題が生じるため、同性カップルに「パートナーシップ証明書」を発行する全国初の条例が、二〇一五年東京都渋谷区で成立した。他の自治体も同性カップルの支援策を検討するなど影響が広がった（朝日新聞 2015. 4. 1）。同様の制度が世田谷区、伊賀市、宝塚市、那覇市、札幌市でも導入されることになった。

このように、同性カップルに対する法的保障に向けた動きが本格化しつつある。自治体のパートナーシップ制度に法的拘束力はないが、こうした制度の導入は、日本においても、将来、同性カップルの法的保障に関する議論が世論を巻き込んで行われる可能性をうかがわせる。

ビジネス領域においても、セクシュアル・マイノリティに視線が注がれるようになった。電通ダイバーシティ・ラボは、日本のＬＧＢＴの実態についてのインターネット調査から、ＬＧＢＴ層を支援・支持する一般層にまで広がる消費傾向を「レインボー消費」と名づけ、新たな消費形態として位置づけている（電通 2015）。ビジネス領域からの視線はＬＧＢＴの消費者だけでなく、従業員にも向けられる。たとえば、セクシュアル・マイノリティや女性、人種的・民族的マイノリティなどの多様な人材を活かした経営は、ダイバーシティ・マネジメントと呼ばれ、創造的アイデアの構築や複雑な問題の解決を通じて、企業の競争優位性を増大させる（谷口 2005）。日本経団連は、近年の社会の変化や二〇二〇年の東京オリンピック・パラリンピック開催を踏まえて、経済の持続的成長を実現するために、多様な人材の能力を引き出し、経済社会全体の生産性を向上させることが不可欠として、「ダイバーシティ・インクルージョン社会の実現に向けて」という提言を発表した。その上で、LGBTに関する適切な理解・知識の共有と、その認識・受容に向けた取り組みの必要性を論じている（日本経済団体連合会 2017）。

しかし、LGBTを経済成長の手段とみなしたり、ビジネスの論理でLGBTを包摂する方策は、貧困層のLGBTに恩恵をもたらさないことや、セクシュアル・マイノリティの社会運動の当初の目的が逸らされることなどから、厳しい批判にさらされている（河口 2013；マサキ 2015；森山 2017）。

欧米諸国においては、プライドパレードやLGBTイベントが著しい商業化を経て、その歴史的経緯、蓄積、意味を見失いつつある。アメリカでは、大手「LGBT」団体、企業、政治家が結託した同性婚推進運動は、三者それぞれが利益を得るような蜜月関係であることから、非営利産業複合体（**the non-profit industrial complex**）と呼ばれる。利権の構造は次の通りである。

自身のブランディングに有用と判断した企業と政治家は同性婚支持を表明する。これにより、企業は大手「LGBT」団体からLGBTフレンドリーさに関する格付けが得られ、自社商品の売り上げが見込める。政治家は、LGBT当事者とその仲間から支持と票を受け取ることができる。大手「LGBT」団体は、LGBT当事者とその仲間からは支持と寄付金を、企業と政治家からは莫大な資金を獲得することができるのである。日本でも似たような構図が浸透しつつある。同性婚の実現はすべてのLGBTに恩恵をもたらすわけではないにもかかわらず、そうした装いをまとう同性婚推進運動の欺瞞が明らかにされている（マサキ 2015）。

2・2　LGBTの調査研究

近年では、セクシュアル・マイノリティへの調査研究が数多く実施されるようになった。セクシュアル・マイノリティをめぐる近年の調査動向の特徴は、アンケートに基づく量的調査が増えたことである。日本では、セクシュアル・マイノリティの親密性や生活に関する調査研究はこれまでインタビューなどによる質的調査が主流であった。たとえば、同性愛者の親密性（志田 2005）やライフスタイル（杉浦・矢島 2000）、女性カップルの生活実態（杉浦 2008）や家事分担（Kamano 2009a）などが挙げられる。

こうした潮流とは別に、インターネットを介して、LGBTに統計的にアプローチする動向が確認できる。たとえば、ポータルサイト運営会社パジェンタ（竹内 2011）、電通ダイバーシティ・ラボ（電通 2015）、特定非営利活動法人虹色ダイバーシティ（柳沢・村木・後藤 2015）、同・国際基督教大学ジェンダー研究センター（2016）、日本労働組合総連合会（2016）、LGBT総合研究所（2016-17）によるインターネット調査が挙げられる。

これらは調査主体によって目的が異なるが、統計的アプローチによって、人口や有職者に占めるLGBTの割合、LGBTの収入や消費行動、職場や学校におけるLGBTの状況などを明らかにする点で、生活者としてのLGBTを描き出す。その一部を紹介すると、LGBTを含むセクシュアル・マイノリティは回答者の7・6％（全国20〜59歳、6万9989人、二〇一五年。電通 2015）、あるいは8％（同上、8万9366人、二〇一六年、LGBTのみは5・9％、LGBT総合研究所 2016-17）であった。セクシュアル・マイノリティの消費市場規模の上位に算出された商品・サービスは、車・バイク、医療・保健、外食、ファッション、通信など（同右、セクシュアル・マイノリティ500人回答。自宅食費を除く、以下同。電通2015）。生活意識調査では、それ以外の層と比較して、セクシュアル・マイノリティの消費支出傾向が高かったのは、旅行、ペット、芸術鑑賞などであった（同右、セクシュアル・マイノリティ828人、それ以外208人回答。LGBT総合研究所 2016-17）。セクシュアル・マイノリティのカミングアウトはごくわずかで、友人13・0％、家族10・4％、職場4・3％であったが、職場や学校で差別的な言動を見聞きしたり、LGBTへの理解・配慮を重要と思う割合は、それ以外の層より高かった。また、セクシュアル・マイノリティはそれ以外の層よりファッション、美容、旅行に積極的で、消費支出も高かった（同右回答。LGBT総合研究所 2016-17）。

調査対象の制約上、本書はLGBTの調査研究のこうした成果を参照し、ゲイカップルの親密性と生活を明らかにしたい。

3　本書の構成

第1部「親密性と生活をとらえる理論と方法」では、現代のパートナー関係・親密性・生活をとらえる理論と方法を論じる。

第1章「ワークライフバランスとダイバーシティ」では、ワークライフバランスをめぐる動向を整理する。従来のワークライフバランス論は法律婚に基づく異性愛家族を前提とするが、それだけでなく、ジェンダーやセクシュアリティの多様性を視野に収める意義を強調する。

第2章「親密性―生活の相互関係モデル」では、本書の依拠する理論枠組みを示す。ギデンズによる〈純粋な関係性〉と対比して、クィア家族研究におけるキャリントンとデュンの理論を取り入れ、〈親密性―生活モデル〉を再構成する。キャリントンは「レズビアン／ゲイカップルの関係性を社会経済的文脈に位置づける」アプローチ（Carrington 1999）を、デュンは「セクシュアリティを加えてかき混ぜる」アプローチを提唱したが（Dunne 1998）、同性カップルを対象として仕事と生活に対する理解を深めることができる。〈親密性―生活モデル〉によって、ヘテロノーマティビティと階層という社会関係から、同性愛者と異性愛者双方のパートナー関係をカバーすることができる。

第3章「インタビュー調査の概要」では、本書で用いる調査法を示す。インタビュー調査の有効性、調査期間、調査対象者、調査目的、調査項目、実施要領、倫理的配慮について述べ、本書で論じるゲイカップル10組の年齢などの属性と雇用形態・収入などの社会経済的特徴を示した。

第2部「ゲイカップルのパートナー関係・親密性・生活」では、第2章で示した〈親密性―生活モデル〉に依拠し、インタビューの語りを通して、ゲイカップルの親密性と生活を考察する。具体的な対象は、家計、家事の外部化、家事分担、生活領域の親密性、職業生活へのサポート、意思決定プロセスである。

第4章「家計の独立とパートナー関係」では、ゲイカップルの家計組織を考察する。カップル双方が共通の財布をもたず、収入を個別に管理するなど家計が独立し、同性カップルに対する法的保障の不在のもとで生活水準の格差や生活の個別性が生じている。平等なパートナーシップは成立するのか。

第5章「消費者行動としての家事の外部化」では、消費者行動論を援用して、家事の外部化を考察する。ゲイカップルはどのような家事サービスを利用する／しないか、その理由は何か。外食、掃除サービス、食事の価値観から家事の外部化条件を検討する。

第6章「家事分担と仕事役割」では、異性愛家族を対象とする家事分担理論を援用して、ゲイカップルの家事分担を考察する。①相対的資源論（収入の低い方が家事をする）、②時間利用可能性論（時間のある方が家事をする）、③イデオロギー論（性別役割分業意識を内面化して女性に家事が偏る）、④家族責任の遂行=愛情表現のメカニズム（家事と愛情が結合して女性に家事が偏る）から、ゲイカップルの家事分担やその平等／不平等を説明できるか。パートナー間の家計の独立と、カップル双方への仕事役割の期待が、ゲイカップルの生活を特徴づけることを明らかにする。

第7章「生活領域と〈分かち合う親密性〉」では、近代家族や「純粋な関係性」と対比させてゲイカップルの親密性を描き出す。近代家族は愛情と家事・仕事が結合、「純粋な関係性」は愛情と家事・仕事が分離するが、ゲイカップルには両者に包摂されない親密性の様相が見出される。ゲイカップルの家事／余暇活動のシェアを通じて生じる一体感を〈分かち合う親密性〉と名づける。

第8章「職業生活への精神的サポート」では、ゲイカップルの職業生活とパートナー関係をワーク・ファミリー・コンフリクト・アプローチ（仕事と家庭の役割葛藤）から考察する。これはセクシュアル・マイノリティの職業生活の研究では十分明らかにされてこなかった。ゲイカップルにおいて労働環境やヘテロノーマティビティ（異性愛規範）はどのように経験されるのか。異性愛家族とは異なるパートナー間の精神的サポートを示す。

第9章「民主制としての意思決定プロセス」では、民主主義的なパートナー関係の形成を考察する。ゲイカップルの家計管理、生活費負担、家事分担、同居に関してパートナー間でなされる意思決定プロセスに焦点を当てる。民主的な意思決定が確認される一方で、意思の相違や力関係、ヘテロノーマティビティによって民主主義的なパートナー関係が阻害されていた。平等なパートナーシップの重要性と困難を明らかにする。

終章「親密性とワークライフバランス論の課題」では、ゲイカップルのパートナー関係について本書全体を振り返り、ワークライフバランス論の課題を述べ、理論的考察を総括する。まず、Doing Gender のアプローチを検討し、クィア家族研究と本書の成果を接続してワークライフバランス論の課題を示す。次にパートナー関係における親密性・生活・民主主義への考察を深め、最後に〈親密性―生活モデル〉の理論的意義と今後の課題を明らかにする。

第1部　親密性と生活をとらえる理論と方法

第1章　ワークライフバランスとダイバーシティ

1　ワークライフバランスとは何か

二〇〇〇年代に掲げられて以来、ワークライフバランスは現代日本の喫緊の政策課題である。

二〇〇七年、「関係閣僚、経済界・労働界・地方公共団体の代表等からなる「官民トップ会議」」において、「仕事と生活の調和（ワークライフバランス）憲章」「仕事と生活の調和推進のための行動指針」が策定された。「憲章」では、国民全体の仕事と生活の調和の実現が我が国社会を持続可能で確かなものにする上で不可欠であることから、国は、国民運動を通じた気運の醸成、制度的枠組みの構築や環境整備などの促進・支援策に積極的に取り組む、とされている」（内閣府ホームページ「政府の取組」）。

内閣府によると、「仕事と生活の調和が実現した社会は、国民一人ひとりがやりがいや充実感を感じながら働き、仕事上の責任を果たすとともに、家庭や地域生活などにおいても、子育て期、中高年期といった人生の各段階に応じて多様な生き方が選択・実現できる社会」とされている。また、「具体的には、⑴就労による経済的自立が可能な社会、⑵健康で豊かな生活のための時間が確保できる社会、⑶多様な働き方・生き方が選択できる社会」が示されている（内閣府ホームページ「仕事と生活の調和とは（定義）」）。

政府がワークライフバランスを推進するようになった背景として、「少子化対策や労働力確保が社会全体の課題に」なっていることが指摘される。すなわち、「結婚や子育てに関する人々の希望を実現しにくいものにし、急速な少子化の要因に」なっていることや、「働き方の選択肢が限定、女性や高齢者等の多様な人材を活かすことができない」ことが挙げられている（内閣府ホームページ「なぜ今仕事と生活の調和なのか」）。

このような動向を受けて、経済界においてもワークライフバランスに向けた取り組みが大手企業を中心に始まった。たとえば、多様な働き方の提供と推進を行うワークフレキシビリティ（日本ＩＢＭ）、育児支援策、キャリア開発支援策、休暇取得支援策と余暇充実支援策などからなるワークライフバランス推進策（アフラック）、社員自らが考える「充実した仕事」「充実した生活」の実現をめざすベターワーク・ベターライフ（Ｐ＆Ｇ）などが挙げられる（日本経団連出版 2008）。

山口一男によれば、ワークライフバランスという言葉が米国政府の課題やマスコミの話題に頻繁に上るようになったのは、アーリー・ホックシールドが二〇〇一年の著書『時間の拘束（*The Time Bind*）』で、米国人家族の実態を描いたことがきっかけであった。この言葉が頻繁に使用されるようになったのは二一世紀に入ってからである（山口 2009 : 7-8）。

二〇一一年に実施された「仕事と生活の調和（ワークライフバランス）の実現に影響を与える生活環境に

関する意識調査」（内閣府）では、「「ワークライフバランス」について「言葉も内容も知っている」人の割合は、……依然として2割程度（20・8%）にとどま」ることが明らかにされた。その一方で、「「ワークライフバランス」という言葉を聞いたことがある人の割合は、5割を超えた（55・2%）」（内閣府ホームページ「仕事と生活の調和（ワークライフバランス）の実現に影響を与える生活環境に関する意識調査」平成二四年三月）。

最近の調査では、ワークライフバランスに向けた取り組みを進めた企業ではその効果が確認されている。たとえば、二〇一六年に157の企業を対象とした調査では、ワークライフバランス推進の結果、男性従業員に生じた変化として、育児・家事への参画（73社）、時間外労働の減少（70社）、有給休暇の取得率の上昇（63社）などの変化が確認されている。一方、多くの企業では十分な取り組みが進んでいないことも明らかにされている。管理職研修など管理職に対する部下のワークライフバランス支援のための取組を実施している企業は46%であり、半分以上の企業が、ワークライフバランス支援に向けた管理職への対策を一切していないことがわかる（内閣府ホームページ「主に男性の家事・育児等への参画に向けた仕事と生活の調和推進のための社内制度・マネジメントのあり方に関する調査研究報告書」平成二九年三月）。

まとめると、アメリカで注目されるようになったワークライフバランスという考え方が、日本においては、少子化対策および労働力の確保という理由から政策課題とされ、政府や企業の間で取り組まれるようになった。企業においては、人材活用への期待もワークライフバランス推進のインセンティブとなっている。ワークライフバランスを推進する企業では一定の成果が出ているものの、取り組みが十分に広がっていないことがわかる。

2　ワークライフバランス論の四つの立場

日本のワークライフバランス論を詳しく見ていこう。ワークライフバランスをめぐる研究動向には、四つの立場が存在する。すなわち、ジェンダー平等、労働環境改善、経営戦略、少子化対策を目的とするワークライフバランスである(1)。

2・1　ジェンダー平等のためのワークライフバランス

ジェンダー平等の立場は、仕事や家庭における男女平等を実現するために、ワークライフバランスを重視する。まず男女の賃金格差の問題がある。山口一男は、男女の賃金格差を規定する要因として職階（係長、課長、部長など）や雇用形態などを挙げ、男女の賃金格差解消への道筋として、①人事部・人事課による人事決定権を大幅に縮小し、部局採用、部局による職能評価、部局昇進・昇級決定へと変えることで、性別によらず、採用・登用を行う合理的インセンティブを生み出すこと、②企業がワークライフバランス施策を人材活用のあり方として、柔軟に働ける職場環境（フレックスタイム、短時間勤務、在宅勤務）を推進すること、などを示している（山口 2008）。最新の実証研究では、ワークライフバランス推進は、「性別にかかわりなく社員の能力発揮を推進する」方針を持つ企業では、男女の賃金格差を減少させる一方、そうした方針のない企業では、男女の賃金格差を拡大させる（山口 2017）。

ジェンダーセンシティブなワークライフバランス論を展開した御船美智子によると、家事活動をワークライフバランスにおける「ライフ」ではなく「ワーク」に位置づけることによって、これまで議論されてきたワークライフバランスのとらえ方が変わるのではないかという。たとえば、生活時間に着目すると、未婚とは異なり、既婚では男女の生活時間に違いが生じており、男性は仕事・通勤が多く、女性は家事・育児・介護・買い物が多い。家事・育児ワークが女性のみに向けられる問題を踏まえる必要がある（御船 2008：87-90）。

ジェンダー平等の立場は、仕事や家庭における男女平等の推進を重視するが、異性愛家族がその中心となっている。たとえば、御船は主体となる生活者として、おもに法律婚の異性愛夫婦を想定している。

2・2　労働環境改善のためのワークライフバランス

労働環境改善の立場は、長時間労働など、労働状況を改善するためにワークライフバランスの推進を論じる。

たとえば、大沢真知子は、フレックスタイムや在宅勤務など、働く時間や場所、さらには週の労働日数などに柔軟性を持たせることで、個人が自分の仕事とプライベートな生活を調和できるように支援する施策は、ワークライフバランス施策と呼ばれ、先進国に広がりつつあることを指摘している。また、日本と同様に労働時間の長いイギリスがワークライフバランスを推進するようになった背景として、価値観の変化が挙げられる。すなわち、仕事か家庭かではなく、仕事も家庭もあって当然と考える人々が増えている。それに加えて、共働き世帯や親の介護を抱える人が増加して、企業がそれに対応せざるを得なくなったという事情がある（大沢 2006：7-8）。

では、欧州と日本で働き方やワークライフバランスをめぐる状況はどのように異なるのか。濱口桂一郎によると、労働時間の柔軟性（フレキシビリティ）ではなく、硬直性（リジディティ）こそがワークライフバランスを第一に保障する。労働者は職場の仕事以外にさまざまな役割を担わなければならないため、労働者をある一定時間以上働かせてはならないという規制をおく。そうすれば、たとえば子どもと一緒に朝食を取ってから出勤することができる。このような労働時間規制のあり方は、第一次ワークライフバランスと呼ばれる。ＥＵ諸国では物理的な上限規制として、毎日必ず11時間仕事から離れる時間を確保するように定めている（いわゆる勤務間インターバル制度）。こうしたしくみは日本にはほとんどない。

しかしこれだけではワークライフバランスは十分ではない。子どもの病気など特別な状況に対応するために、これとは対照的に労働時間の柔軟性が必要となる。これは第二次ワークライフバランスと呼ばれる。日本では、第二次ワークライフバランスが欧州など先進諸国と同等に整備されている。それにもかかわらず、育休世代が仕事と家庭のはざまで深刻なジレンマに投げ込まれるのは、第一次ワークライフバランスが空洞化しているためである（濱口 2015）。

労働環境改善の立場は、長時間労働など職業生活の改善を重視するが、ここでも異性愛家族が中心である。たとえば、大沢は「仕事も家庭も」という価値観への変化や共働き世帯の増大を指摘しているが、異性愛夫婦が前提である。

2・3　経営戦略のためのワークライフバランス

経営戦略の立場は、企業が人材マネジメントを通じて、いかに社員の仕事への意欲を高め、仕事の生産性や創造性を向上させるのかに焦点を当て、ワークライフバランスの推進を論じる。

たとえば、佐藤博樹は、人材の多様性を活かしたダイバーシティ・マネジメントが必要とされる背景として、⑴従来の中核人材である「フルタイム勤務かつ転勤や残業の要請に対応可能な日本人男性」が縮小していること、⑵企業の成長・存続のために、多様な能力や異質な価値観を持った人材により、自社固有の競争力基盤を強化することが求められていることを挙げる。その上で、ダイバーシティ・マネジメントの導入・定着にとって必要なのは、①多様な価値観を持った人材を受容できるように組織風土を改革すること（たとえば、子育てや介護、地域活動など、仕事以外の取り組みが必要な「時間制約」社員を考慮して、仕事中心のライフスタイルを見直す）、②フルタイム勤務かつ転勤や残業の要請に対応可能な人材を想定した働き方と人事管理システムの見直し、③ワークライフバランス管理職の育成である。③は管理職のマネジメントがワークライフバランス支援型にならなければ、職場でのワークライフバランス実践が困難であるために必要とされる（佐藤 2017：2-16）。

ワークライフバランスは、経営上さまざまなメリットがあるとされる。脇坂明は、ワークライフバランスのメリットとして、①従業員の意欲向上に役立つ、②人材確保等の企業メリットにつながる、③長時間労働による生産性の低下やリスクを回避する、④社会的責任を果たす企業としてイメージが向上する、⑤顧客の理解を促進し、社会全体でワークライフバランスについて考えることができる、などを挙げている。脇坂は、企業がこれらの利益を実際に享受することを従来の研究から例示している。すなわち、育児休業の充実や短時間勤務の制度の導入が、短期的には売上低下などをもたらすが、長期的に経常利益などにプラスの影響を与えるのである（脇坂 2008）。

このように、経営戦略の立場において、企業の経営上の課題としてワークライフバランス論が展開されてきた。佐藤・武石は、仕事に意欲的に取り組める条件として、男女や未既婚にかかわらず、ワークライフバランスの実現が重要であるとしている（佐藤・武石 2010：15）。しかしここでも、ワークライフバランスやダイバーシティ・マネジメントをめぐって、性別や婚姻の有無は考慮されているが、性的指向は対象とされていない。

2・4　少子化対策のためのワークライフバランス

少子化対策の立場は、女性が子どもを産みやすい環境を整備するために、ワークライフバランスの推進を重視する。

たとえば、権丈英子は、女性のライフコースに関する選好を分析し、仕事と子どもの双方を望む女性が多数派であるにもかかわらず、特に高学歴層において子どもを持たない女性が増加していることを明らかにした。フルタイムの継続就業支援だけでなく、短時間勤務や再就職支援も含む仕事と子育ての両立支援を通じて、こうした女性たちも子どもを持てるようにサポートする必要があるという。また、一時点だけでなく、生涯におけるワークライフバランスという視点の重要性も指摘している。すなわち、生涯を通して専業主婦でいることは困難になっていることを踏まえ、育児期に専業主婦であった女性が労働市場に再参入したり短時間勤務に就く時に、賃金やキャリア形成に生じる不利益を小さくするように条件を整備する必要性を説く（権丈 2008：172-183）。

一方、少子化対策として高学歴ではない女性への支援策を充実させる必要性も論じられている。山田昌弘は、生活の期待水準が上昇し、収入の大幅な増加が見込めない現状に対して、共働きによる将来の生活見通しを方策として示している。しかし、政府の両立支援策はキャリア女性を念頭においているため、少数の高学歴女性は結婚、出産、子育ての環境を整えられるが、それ以外の多数の女性は放置され、結婚、出産後に現実の困難に陥るという。高学歴層ではない多数の女性にも安定した職を保障し、仕事と家庭を無理なく両立できる施策が、少子化対策に必要であるとしている（山田 2007：210-211）。

このように、少子化対策の立場も、異性愛家族における結婚、出産、子育てという「標準的」ライフコースが想定されている。

2・5　従来のワークライフバランス論の限界

ワークライフバランスをめぐる四つの立場を見てきたが、ジェンダー平等、労働環境、経営戦略、少子化対策に一定の有効性を持つと思われる。しかし、これらの多くは法律婚の異性愛夫婦という特定の家族を前提としており、こうした家族に含まれない人々はワークライフバランスにどのような課題を抱えているのか不明である。

性別や婚姻の有無だけでなく、性的指向を含むワークライフバランス論を展開することは、多様なタイプのカップルの仕事と生活を理解する上で重要である。また、結婚、出産、子育てといったライフイベントは異性愛家族のみでなく、同性カップルも経験するようになってきた。ワークライフバランス論にダイバーシティ（多様性）の視点を取り入れて拡張する意義が高まっている。

3　ダイバーシティを取り入れたワークライフバランス論

3・1　パートナー関係・親密性・生活との関連

本書はワークライフバランス論にダイバーシティの視点を取り入れる。ダイバーシティには、ジェンダー、セクシュアリティ、婚姻／子どもの有無、生活の個人化／共同化、人種、民族などの多様性が想定される。本書では同性愛／異性愛という性の多様性に注目し、男性同性愛者のワークライフバランスにアプローチする。それには次のような利点がある。

第一に、パートナー関係とワークライフバランスの関連を理解することができる。同性カップル双方が行う仕事と生活の調整から、ワークライフバランスの多様なプロセスやしくみを把握できる。

第二に、同性カップルのパートナー関係を通して、自明視されてきた従来の家族の関係性を逆照射することができる。後述するように、欧米のクィア家族研究によれば、親密性のあり方はジェンダー、性的指向、婚姻／子どもの有無などの関係性から、生活のあり方は、年齢、学歴、職業、収入などの属性や、家計、消費、家事分担などの諸領域からアプローチされてきた。このように親密性と生活のさまざまな要素をいったん分解した上で再構成することによって、パートナー間の仕事と家庭の役割構成や役割葛藤を明らかにできる。

第三に、同性愛者のセクシュアリティではなく、生活者としてのリアリティを浮き彫りにする。第2章で詳しく論じるが、ヘテロノーマティビティの影響により、生活者として同性愛者は異性愛者とは異なる困難に直面することに焦点を当てる必要がある。

3・2 ダイバーシティを取り入れたワークライフバランス論

ダイバーシティの視点を取り入れた日本のワークライフバランス論として、レズビアンカップル研究、シェアハウジング研究、非法律婚カップル研究がある。この分野の研究はあまり蓄積がないため、一九九〇年代に遡って取り上げておきたい。おもに家事分担に関するトピックである。

(a) レズビアンカップル

釜野さおりのレズビアンカップル研究では、カップルの家事分担の特徴として、①多様性、②柔軟性、③交渉の重要性が明らかにされている。対象となった12組のカップルの双方ともフルタイム雇用は1組のみであり、パートタイムで働くカップルが多い（Kamano 2009a: 133-134, 136）。

釜野は、レズビアンカップルが家事分担を説明する際に、パートナー間の収入格差に言及しないこと、その理由として、①女性の経済的地位が低いために、カップルのどちらがより経済的に貢献するかよりも、ともに生計を立てることが要請されること、②レズビアンカップルには転職や型にはまらないキャリアパスが一般的であるため、パートナー間の収入格差が固定的でないこと、③レズビアンカップルには、一方が仕事、他方が家事に従事するという制度化されたモデルが存在しないことを明らかにした（Kamano 2009a: 136）。

また、カップル双方がすすんで家事を行うことが、家事を選択する感覚や平等感覚を高めている。これはある程度、女性というアイデンティティによって生じるという。すなわち、女性は家事の方法やつらさを理解しており、家事経験と能力が共有されている。さらに、女性というアイデンティティだけでなく、生き方のロールモデルの不在も関わる。たとえば、「レズビアンカップルとしてどのように生きるかに関して決まった規範は存在しないため、ゼロから始めることができる」という語りが示される（Kamano 2009a : 139）。

(b) シェアハウジング

久保田裕之のシェアハウジング研究(2)では、シェアにおける家事分担について、家族、他人にかかわらず大人の成員二人による居住生活の特殊性を、二人性（twoness）として概念化した。そして、三人以上の居住生活とは異なり、二人性に基づく居住生活において、相手が家事を行ったのか否かが完全に特定されてしまうために、それぞれが家事をどの程度負担したのかという互酬関係を厳格に把握し、監視する方向に圧力が働くことを明らかにしている（久保田 2009a : 122-128）。

(c) 非法律婚カップル

非法律婚カップル研究の知見もワークライフバランス論に投げかけられている。善積京子によれば、非法律婚カップルの女性は法律婚カップルの妻に比べて、高学歴で経済力がある人が多い。非法律婚カップルの方が男性の家事参加が進んでおり、男性が子育てに関わっている。生活費負担は、非法律婚カップルの方がパートナー間で折半する割合が高い（善積 1997 : 132-135）。

こうした結果から、非法律婚カップルは、法律婚カップルに比べて、男女平等志向が強く、女性は職業を持ち、男性は家事・育児に関わる割合が高いことが示される。すべての非法律婚家庭において家事・育児の男女平等が実現されているわけではないが、実生活における性別役割分業の流動化が法律婚家庭より多く見られる（善積 1997:136）。

表1.1　性愛・婚姻・カップルのタイプ・居住から見た多様な関係性

<table>
<tr><td>性愛なし</td><td colspan="3">シェアハウジング</td><td>2人以上で居住</td></tr>
<tr><td rowspan="4">性愛あり</td><td rowspan="3">非婚</td><td>女性同性愛</td><td>レズビアンカップル</td><td rowspan="4">2人で居住</td></tr>
<tr><td>男性同性愛</td><td>ゲイカップル</td></tr>
<tr><td>異性愛の男女</td><td>非法律婚異性カップル</td></tr>
<tr><td colspan="2">法律婚</td><td>法律婚異性カップル</td></tr>
</table>

3・3　従来のワークライフバランス論を超えて

これらは、婚姻を基盤としない関係や同性愛者を対象とする点で、従来のワークライフバランス研究の限界を超える試みである。法律婚の異性愛カップル、同性愛カップルを含む多様な関係性は、表1・1のように存在する。これらの関係性を構成するのは、性愛の有無、法律婚の有無、ジェンダーや性的アイデンティティによるカップルのタイプ、居住の人数などである。したがって、ダイバーシティの視点を取り入れることで、これらが関係性や生活に与える影響を分析できるため、ワークライフバランス論に新たな知見を示しうる。

次章ではジェンダー（カップル双方の男性性）、同性愛者のアイデンティティ、非婚などに焦点を当て、多様な関係性を視野に収めた親密性と生活の理論化をめざす。

注

（1）本書では便宜的にワークライフバランスの研究動向を四つに分類した。したがって、ある立場に分類された論者が一貫して、その立場に限定した議論を行うとは限らない。

（2）血縁・性愛関係にない他人と居住生活の共同を行うことを、シェアハウジングもしくはシェアと呼ぶ（久保田 2009a: 104）。

第2章　親密性―生活の相互関係モデル――親密性理論とクィア家族研究の接続

1　親密性と生活をとらえる理論枠組み

本章では、多様なパートナー関係に適用可能な理論モデルとして、〈親密性―生活モデル〉の再構成をめざす。そこで、二つの問題関心から出発したい。第一に、同性愛者をめぐるマクロな構造と、ミクロな事象はどのように関係するのか。第二に、レズビアン／ゲイカップル、非法律婚カップル、シェアハウジング、異性愛家族などの多様な関係性において、平等が保たれる条件とは何か。

第一に、セクシュアリティの歴史の解明において、同性愛という近代的カテゴリーの構築が主要なテーマに据えられてきた。たとえば、ミシェル・フーコーは近代社会において同性愛者のアイデンティティが構築されるメカニズムを、医療化や近代国家による人口への関心に焦点を当てて解明した（Foucault 1976＝1986）。また、ジョン・デミリオは家族を基盤とした家内経済から資本主義の自由労働システムへの移行によって、異性愛家族の外部で同性への性愛的／情緒的関心に基づく個人生活が可能になったとしている（D'Emilio 1983＝1997）。しかし、フーコーやデミリオが解明した同性愛者の歴史やマクロな構造は、関係性や生活などのミクロな経験とどのように関係するのか、十分に解明されてこなかった。本書では両者を接続するアプローチとしてクィア家族研究を用いる。同性愛者をめぐるマクロな構造とミクロな事象を接続するという理論的関心は、ライト・ミルズの「社会学的想像力」（Mills 1959＝1965）や、フェミニズムのスローガンである「個人的なことは政治的である」とも呼応しており、社会学的に重要な問いである。

第二に、従来の家族社会学では異性愛家族を主要な対象としてきたが、近年は多様な関係性と平等の研究が蓄積されてきた。レズビアンカップル（Dunne 1997 ; Kurdek 1993 ; Solomon et al. 2005）や非法律婚カップル（善積 1997）は法律婚異性愛家族よりも、家事分担が平等である。また、シェアハウジング（久保田 2009ab）の研究も同じ関心を共有する。

これらの知見は、性的アイデンティティや法律婚・性愛の有無が平等な関係に関わることを示唆している。したがって、異性愛家族とは異なる関係性も対象とすることによって、平等な関係が成立する条件を従来の家族社会学とは異なる視角から解明することができる。

本章で検討するギデンズは再帰的近代化論に依拠し、政治や経済などの社会関係から相対的に自律したシステムとしての親密性のメカニズムを扱っている(1)。これは「純粋な関係性」という感情的秩序の観点から、個人生活の民主化とこれを通じた公的領域の民主化を考察するためであろう。

これに対して、本書は親密性が他の社会関係からどのような影響を受けるのか、また親密性は他の社会関係にどのような影響を及ぼすのかという点を重視する。したがって、平等な関係性を感情的秩序だけでなく、パートナーシップに影響を及ぼす階層／資源、さらには、生活のあり方に影響を及ぼす性的アイデンティティ（同性愛者／異性愛者）からも考察を行う。階層／資源として収入・学歴・職業など、生活のあり方として、家事分担、家計組織、消費者行動、職業生活と家庭生活の調和などに注目する(2)。

2　ギデンズの〈親密性モデル〉の意義と限界

2・1　ギデンズの親密性理論

ギデンズの「純粋な関係性」概念は異性愛家族だけでなく、同性愛者の関係性にも適用可能な汎用性を持つ（Giddens 1992＝1995）。したがって、「純粋な関係性」は、同性愛者と異性愛者双方の関係性のモデルを創出する上で有用である。そこでまず、ギデンズの親密性理論を検討する。本書では、親密性を他の社会関係から相対的に自律したシステムとして扱うギデンズのアプローチを〈親密性モデル〉と呼ぶ。

ギデンズによれば、パートナー関係は「コンフルエント・ラブ」に基づく「純粋な関係性」へと変容しつつある。純粋な関係性は次のように定義される(3)。

> 純粋な関係性とは、社会関係を結ぶというそれだけの目的のために、つまり、互いに相手との結び付きを保つことから得られるもののために社会関係を結び、さらに互いに相手との結びつきを続けたいと思う十分な満足感を互いの関係が生み出していると見なす限りにおいて関係を続けていく、そうした状況を指している（Giddens 1992＝1995 : 90）。

「コンフルエント・ラブ」に基づく「純粋な関係性」はどのような特徴を持つのか。「コンフルエント・ラブ」は対等な条件のもとでの感情のやりとりが想定される。さらに、性的排他性という意味での一夫一婦的関係では必ずしもなく、お互いがどの程度望ましい、あるいは不可欠であると見なすかによって性的排他性の重要性は変わる。今日、愛情とセクシュアリティは、「純粋な関係性」を通じてより強く結びついているという（Giddens 1992 : 58, 62-63 = 1995 : 90, 96-97）。

ギデンズは同性愛者の関係性に着目して、「純粋な関係性」のゆくえを論じている。すなわち「純粋な関係性」に固有の力学は、異性愛的要素を取り除いた場合に最も容易に観察できるとして、同性愛者が伝統的な婚姻に基づかず、相対的に対等な立場で相手と折り合いをつけながら、関係性を築き上げてきた点に注目している。そして、同性愛者は異性愛カップルでもありふれた事柄をかなり以前から経験してきたとして、「純粋な関係性」が相対的に顕著に生じているという（Giddens 1992 : 15, 134-135 = 1995 : 31, 200-202）。婚姻関係がなく対等である点で、同性愛者の関係性は異性愛者のそれよりも先進的であるとされる。

ギデンズは同性愛者と異性愛者双方のパートナー関係のゆくえを次のように予見している。すなわち、(1)配偶者同士の性的な関わり合いの水準は低いが、対等な立場や相互の思いやりがある程度組み入れられる関係性、(2)カップルの双方が外部世界に立ち向かうために身を置く、安心できる場所として結婚生活を利用し、互いにほんのわずかな感情投入しか行わない関係性である。しかし、これらはいずれも「純粋な関係性」に転換するという（Giddens 1992 : 154-155 = 1995 : 230-231）。

2・2　ギデンズの〈親密性モデル〉の意義

ギデンズの親密性理論は、解放のビジョンと関連づけて評価することができる。ギデンズは、近代社会における個人化の帰結として生じる、ジェンダー不平等からの解放という文脈において「純粋な関係性」への推移を論じている。「純粋な関係性」は性的にも感情的にも対等であり、そうした関係性の構築はジェンダーに基づく既存の権力形態の打破を暗に意味しているという（Giddens 1992＝1995：12）。したがって、ギデンズの親密性理論は、対等な関係性の理念型として「純粋な関係性」を提起しており、近年広がりつつある、婚姻を基盤としない新たな関係性を歴史的過程に位置づけ、ジェンダー不平等からの解放の道筋を示した点で重要である。

⒜　階層／資源による差異

ギデンズの理論に対して、いくつかの限界を指摘することができる。

第一に、「純粋な関係性」はどのような条件において実現可能なのか。ギデンズによれば国や下位文化、社会経済階層によって関係性に差異が見られるという（Giddens 1992＝1995：27）。しかし、「純粋な関係性」の実現可能性の考察は示されていないため、実際には容易に達成できない関係性への期待を呼び起こし、楽観的との批判がある。たとえば、リン・ジェイミスンは実証研究からセクシュアリティや生活実態において「純粋な関係性」が進展しているという見解に疑問を投げかけている（Jamieson 1999：479, 483-487）。同様に、バウマンによれば「純粋な関係性」は個人的資源が十分に供給されないと、実現困難である（Bauman 1993：367）。階層や資源が深く関わるとすれば、今後の「純粋な関係性」の展開に影響を及ぼすため、近代社会におけるジェンダー不平等からの解放を論じる際に階層や資源の検討は重要である(4)。

これに関連して、異性愛者の結婚に焦点を当てた福祉研究がある。イエスタ・エスピン＝アンデルセンによると、近年の欧米諸国において女性の社会進出の程度は教育年数によって異なる。すなわち、教育年数が長い女性ほど社会進出を果たす。さらに、教育年数による同類婚が進行することによって世帯間の不平等が拡大している。つまり、高学歴カップルは共働きであるのに対して、そうではないカップルは共働き化しにくいため、社会的不平等が拡大するのである。したがって、ジェンダー平等は高学歴カップルでは進行するのに対して、そうでないカップルでは遅れる（Esping-Andersen 2009＝2011）。

この他にも、ファーロングとカートメルはベックやギデンズらによる個人化やリスク概念を参照して、後期近代における若者の社会的状況を分析した。階級などの従来の社会科学の分析概念は、現代において再設定する必要はあるが、いまなお人生経験を理解する上で中心的な位置を占めているという（Furlong and Cartmel 1997＝2009: 11-12）。

これらはいずれも異性愛者を論じているが、同性愛者においても階層／資源などの関わりは重要である。キャリントンによると、裕福なレズビアン／ゲイカップルはそうでないカップルよりも料理時間が短い。その理由として、裕福なカップルが頻繁に外食する、家事を省力化する家電を用いる、テイクアウトの食事を購入することを挙げている。これらの行動は、裕福なカップルの平等な関係性をかなりの程度可能にするという。さらに、外食産業において女性、エスニック・マイノリティ、人種的マイノリティ、学歴が低く裕福でないゲイ男性が低賃金で雇われることによって、裕福なレズビアン／ゲイカップルが食事を購入し、家事をめぐる対立を回避することが可能になるという（Carrington 1999: 61-62）。

また、調査対象者が家事を選択可能かどうかは、本人の社会階層の制約を受けるという(5)。たとえば、裕福なカップルはパートタイム労働に従事し、残りの時間を個人や家庭生活に充てる選択肢が存在する。裕福でないカップルにはそうした選択肢は存在せず、多くの場合、家事の選択という感覚をそれほど持たない(Carrington 1999 : 189)。

このように現代の異性愛カップルにおいて、階層による差異が生じており、同性愛者においても経済的・時間的資源が平等なパートナーシップに関わっている。

(b) パートナー関係のゆくえを予見できるか

第二に、ギデンズは、婚姻に基づかず、相対的に対等な立場で築き上げられてきた同性愛者の関係性に焦点を当てるが、そうした方法でパートナー関係のゆくえを予見できるのか(6)。同性愛者はヘテロノーマティビティの影響を受けることがあるが、その抑圧は異性愛者には働かない。ヘテロノーマティビティとは、従来のジェンダー規範、異性愛、伝統的な家族の価値を促進するイデオロギー的なコードである(Ozwald et al. 2009 : 45)。同性愛者の関係性には独自の要因が働くことから、ギデンズのアプローチは同性愛者、異性愛者の双方を含むパートナー関係のゆくえを予見できない。

さらに、同性愛者の関係性は本当に「純粋な関係性」といえるのか。「純粋な関係性」は外的基準に準拠しない親密性である。つまり、好きである限りにおいて付き合い、好きでなければ別れることができる。しかし、たとえば同性カップルの一方がカミングアウトした際にオープンでない他方がパートナーとの関係を解消することがある。ヘテロノーマティブな社会では周囲に同性愛者であることを隠すという、好きか否かとは別の理由が離別に関わるのである。同性愛者の関係性には、外的基準であるヘテロノーマティビティが関わることを考慮すると、「純粋な関係性」は相対的に同性愛者に顕著に生じるとはいえず、異性愛者とは異なる理由によって、「純粋な関係性」の実現は困難になる。

2・3　〈親密性モデル〉の限界

以上をまとめると、第一に、「純粋な関係性」の実現には、階層／資源による差異が生じる可能性がある。しかし、「純粋な関係性」概念に基づく〈親密性モデル〉は階層／資源、生活状況によって親密性がどのように異なるのかを十分に解明することが困難である。

第二に、同性愛者の関係性に独自に働く要因を考慮すると、同性愛者の関係性からパートナー関係のゆくえを予見することはできない。さらに、異性愛者とは異なり、同性愛者の関係性の形成・維持・解消には、外的基準であるヘテロノーマティビティとそれによる抑圧が関わる。したがって「純粋な関係性」概念は、同性愛か異性愛かによって関係性や生活への影響がどのように異なるのかを十分に解明することはできない。

3　ヘテロノーマティビティとクィア家族研究

3・1　クィア研究とヘテロノーマティビティ

河口和也によると、一九九〇年代に入ると、アメリカのレズビアン／ゲイ運動やレズビアン／ゲイ研究において、「クィア」というカテゴリーが登場する。「クィア」は、英語で「変態」あるいは「オカマ」を侮蔑的に指し示す言葉である。レズビアン／ゲイの当事者たちは、そうした侮蔑語をあえて自分たちを指す言葉として引き受け、歴史的に込められた否定的な意味合いやニュアンスを肯定的に転換する意図をもって、「クィア」と自称するようになった（河口 2003 : 54）。

河口によると、一九九〇年代にポスト構造主義の影響のもとで、同性愛を忌避する異性愛制度や社会を問うのでもなく、また同性愛者のアイデンティティやコミュニティを論究するのでもない、新しい研究の方向性が「クィア理論」ないしは「クィア研究」と呼ばれるようになった。そこで分析概念として用いられたのが「ヘテロノーマティビティ」である。すなわち、同性愛／異性愛の二元論によって異性愛から同性愛が分離されるが、両者は対等な関係ではなく、異性愛という規範を生成するために同性愛を構成的外部として位置づけるのである。したがって、問題にすべきは、こうした同性愛と異性愛を分けて配置する二元論的権力自体であるとして、権力的な規範形成力を「ヘテロノーマティビティ」と呼ぶ（河口 2003 : 52-53）(7)。

3・2　クィア家族研究とは何か

異性愛ではない人々と家族の関係を扱った研究には三つのアプローチが存在する。

第一のアプローチは家族社会学の手法を取り入れた異性愛ではない人々の研究である。このアプローチは職業生活と家庭生活（work and family life）や家事分担など、異性愛ではない人々の関係性や生活を解明する。本書が依拠するキャリントンやデュンの研究はこの系譜に属する。

第二のアプローチはレズビアン／ゲイ・スタディーズを取り入れた家族研究である。このアプローチはレズビアン／ゲイの親密性に焦点を当て、関係性の形成・維持における選択性を重視する。ウェストンの「選択する家族」(Weston 1991) や、ウィークスらの同性間の親密性に関する研究 (Weeks et al. 2001) はこの系譜に属する。

第三のアプローチはクィア理論を取り入れた家族研究である。オズワルドらはクィア理論を取り入れた家族研究として、ステイシーとビブラーツの研究 (Stacy and Biblarz 2001) を挙げている。異性愛者の親に育てられた子どもと、同性愛者の親に育てられた子どもの発達上の特徴を比較する問題とは、次の通りである。両者のジェンダー役割、性的指向、その他の発達上の特徴に違いはないと主張することは、同性愛者の家族が抱える困難さを不可視化する危険がある。ここでは、ジェンダー、セクシュアリティ、家族の相互関係をヘテロノーマティビティと関連づけるクィア理論の視点を取り入れている (Ozwald et al. 2009 : 49-50)。

この三つのアプローチを総称して、クィア家族研究と呼ぶことにする。三つのアプローチの違いは相対的である。第一や第二のアプローチにおいて、クィア理論が部分的に取り入れられることもある。本書は従来の家族社会学の枠組みにクィア理論を接続する研究であり、ヘテロノーマティビティを本書全体の分析視角に据える。

3・3 〈親密性―生活モデル〉を再構成する

キャリントンとデュンは同性愛者を対象に、仕事と生活の調和や家事分担などに着目してパートナーシップを考察している。したがって、ワークライフバランスを取り入れ、クィア家族研究からパートナー関係の理論モデルを再構成する、これらの論者を参照することは有用である。

(a) キャリントン「レズビアン／ゲイカップルの関係性を社会経済的文脈に位置づける」

キャリントンはレズビアン／ゲイカップルの関係性を社会経済的文脈に位置づけることとの重要性を論じている。以下では、本書の問題関心に関わる論点を取り上げる。

第一に、階層がパートナーシップに影響する。キャリントンによれば、裕福なカップルは商品購入のために食料品店を比較することはめったにないが、裕福でないカップルは頻繁にチラシを頼りにする。消費の情報源も異なり、裕福なカップルの方が友人のアドバイスを頼る。これは社会的なつきあいの違いを反映しており、裕福なカップルはスポーツジム、教会、政治集会、コンサート、演劇などに行くのに対して、裕福でないカップルはテレビの前で過ごす。裕福なカップルは住宅や家具の購入によってパートナーとの親密さが増すという（Carrington 1999: 164-165, 170-171）。

第二に、職業生活がパートナー関係に影響を与える。キャリントンは、企業組織内に同性愛者に対するガラスの天井が存在するため、同性愛者において仕事よりパートナー関係が重視される例を明らかにしている。たとえば、あるゲイ男性は上級管理職を目ざしてきたが、上司に同性愛者に対する伝統意識があり、昇進できるのは多くの場合、異性愛者の男性であり、自分は昇進できないと気づいた。それ以後は休日出勤や残業をせず、早く帰宅して料理を作るなど、パートナー関係を重視して、家庭生活を充実させるようになったことが示されている（Carrington 1999: 196-197）。

まとめると、パートナーシップの分析に階層の視点を取り入れ、職業生活がパートナー関係に与える影響などが解明される。したがって、キャリントンのアプローチを〈生活→親密性モデル〉としておく。

(b) デュン「セクシュアリティを加えてかき混ぜる」

デュンは、異性愛ではない人々の職業生活と家庭生活の研究手法として、「セクシュアリティを加えてかき混ぜる」(8)アプローチを提起している。デュンによれば、従来の研究では、労働者は男性という前提が職業生活と家庭生活の理解を歪め、曖昧にしてきた。同様にメインストリームのフェミニズムには労働者は異性愛者という前提があり、平等な関係性を築く際に異性間で生じる障壁が認識困難になる。そこで、デュンは職業生活と家庭生活における人々の経験に与える性的アイデンティティの影響を研究する必要性を説いた(Dunne 1998 : 2)。

デュンの理論はやや抽象的であるが、異性カップルか、同性カップルかという親密性のあり方によって、職業生活や家庭生活がどのように異なるのかが重視される。したがって、デュンのアプローチを〈親密性↓生活モデル〉としておく。

(c) ギデンズの〈親密性モデル〉との対比

先述のようにギデンズの〈親密性モデル〉は、第一に階層/資源、生活状況によって親密性がどのように異なるのか、第二に同性愛か異性愛かによって関係性や生活への影響がどのように異なるのか、いずれも十分に解明することが困難である。

これに対して、キャリントンの〈生活↓親密性モデル〉は階層/資源、生活状況が同性愛者の親密性に及ぼす影響を重視する。他方、デュンの〈親密性↓生活モデル〉は異性愛か同性愛かという関係性のタイプによって職業生活や家庭生活がどのように異なるのかを重視する。したがって、両アプローチを統合することによって、〈親密性モデル〉に比して、多様なパートナー関係における親密性と生活のメカニズムに迫ることができる。

本書では親密性と生活双方に関わる階層／資源、生活状況などの社会関係を視野に収め、両者の相互関係を解明する枠組みを〈親密性―生活の相互関係モデル〉（以下、親密性―生活モデル）と呼ぶことにする。

4 〈親密性―生活の相互関係モデル〉の問題設定

4・1 問題設定

〈親密性―生活モデル〉の問題設定として、何に焦点を当てるのか。

親密性には、カップルのタイプや関係性による特徴が挙げられる。カップルのタイプとして、レズビアン／ゲイ／異性愛カップルなどが挙げられる。関係性の特徴として、平等／不平等、満足／不満足、継続／離別、個別性／共同性、モノガミー／ノンモノガミーなどが重要であろう。

生活には、階層／資源、生活を構成する諸領域（以下、生活領域）が挙げられる。階層／資源として、収入、学歴、職業威信、制度、時間などを例示できる。生活領域として、家計組織、消費者行動、家事分担、ワーク・ファミリー・コンフリクトなどが重要であろう。

〈親密性―生活モデル〉の問題設定は次の通りである。

・レズビアン／ゲイ／異性愛カップルの平等なパートナーシップは、カップル双方の収入、学歴、職業とどのように関わるのか。

・レズビアン／ゲイ／異性愛カップルのパートナー関係の満足度は、パートナー間の家事分担やワークライフバランス（仕事と生活の調和）とどのように関わるのか。

・レズビアン／ゲイ／異性愛カップルの個別性／共同性や、モノガミー／ノンモノガミーは、それぞれのカップルの家計組織とどのように関わるのか。

4・2　参照すべき研究例

本章の最後に、この問いに対して参照すべき研究を挙げておく。これらは親密性─生活間の相互の影響関係を解明する上で有用な参考例である。

(a)　カップルのタイプ別の家事分担と関係満足度

ローレンス・カーデックによると、レズビアン／ゲイ／異性愛カップルのタイプ別家事分担と関係満足度(9)の関連は、家事分担のパターンが三者で異なる。すなわち、レズビアンカップルは同じ家事項目を一緒か、交代で行う平等パターン、ゲイカップルは同じ家事項目を行わず、同じ数の家事項目を別々に分担する均衡パターン、異性愛カップルは一方が家事の大部分を行う分離パターンに基づく。しかし、家事遂行と関係満足度に相関関係は見られない。これは各々のカップルにおいて家事分担の理想と現実が一致しているためではないかとされる（Kurdek 1993 : 130, 134-137）。ここではカップルのタイプによって家事分担がどのように異なるかが明らかにされる一方、関係満足度が家事分担によってどのように変化するか／しないかが論じられている。

(b) ゲイ男性の学歴とパートナー関係

マリエカ・クラウィターによると、ゲイ男性は異性愛者の男性よりも学歴が高い傾向にある。その理由として職場に比べて学校は相対的にゲイフレンドリーであるため、就職よりも進学が選択される可能性が指摘された（Klawitter 2002：332-333）。では、学歴から見るとパートナー関係はどのように形成されるのか。カーデックによると、ゲイ男性は、レズビアンや異性愛者に比べて、学歴や収入の点で同類パートナー関係（同類婚）の傾向が弱い（Kurdek 1995：246）。したがって、レズビアンや異性愛者に比してゲイ男性のパートナー関係は平等でない可能性が示される。これらの考察から、同性愛者と異性愛者の学歴格差は、同性愛者に対する差別から説明しうる。また、学歴や収入による階層差がパートナー関係における平等性に与える影響が明らかにされる。

(c) カップルのタイプ別の家計組織とセクシュアリティ

ソロモンらは、ゲイカップルはレズビアンカップルよりもモノガミー(10)的ではなく、また、それぞれの収入を個別に管理するなど家計の独立性を明らかにした（Solomon et al. 2004；Solomon et al. 2005）。一方、異性愛夫婦は、家計の独立性が高い人ほど、婚外交渉に対して許容的であるなど個人重視の傾向が確認された（御船 1995）。こうした知見は家計の独立性の高いゲイカップルはモノガミー的でないという事実と整合的である。ここでは三者のカップルにおいて、家計組織とセクシュアリティの関連が一貫していることがわかる。

注

（1）ギデンズの再帰的近代化論の基軸的視座の一つとして脱埋め込みメカニズムが挙げられる。脱埋め込みメカニズムとは、社会関係が共同体やローカルな文脈から切り離され、再構築されることを指す（Giddens 1991＝2005）。近代社会の構造転換のもとではパートナー関係が異性愛家族から切り離され、同性パートナーシップの成立に結びつく。したがって、パートナー関係の脱埋め込みの諸相を明らかにするギデンズの理論を検討することは、同性愛者と異性愛者双方の関係性を包含するモデルを構築する際に鍵となる。

（2）本書の関心は、親密性に関するギデンズの問題関心とは異なる印象を与えるであろう。ギデンズは親密性に、共依存（家族成員間の支配・献身や嗜癖による依存関係）ではない、対等な関係性の理念型を示している。これに対して本書は、共依存や親密性など関係性に影響を及ぼす、さまざまな社会関係に関心を持つ。また、ギデンズは親密性概念をパートナー関係に限定しないが、本書ではパートナー関係に焦点を当てる。このような違いはあるが、〈対等／対等でない〉パートナー関係の内実やしくみに迫るという関心を共有する。

（3）Giddens（1992＝1995）において、confluent love は「ひとつに融け合う愛情」と訳されているが、宮本（2001）や山田（1996）が指摘するように誤解を招く可能性がある。本書では原著の表現を用いて「コンフルエント・ラブ」と表記した。

（4）個人的資源は「コンフルエント・ラブ」の実現に必要なさまざまな条件を指すと考えられるが、本書では主として収入、学歴、職業威信、制度、時間などに焦点を当てる。

（5）キャリントンは、対象者のカップルの社会階層を世帯収入、学歴、職業威信に基づき、労働者／サービス従事者層（Working/service class）、中流（Middle class）、上層中流（Upper middle）の三つに区分している。労働者／サービス従事者層の世帯収入は2万ドル～4万5千ドル、教育水準は高校卒もしくは短期大学卒、職業は販売員、低賃金の技術者、事務職、民間もしくは公共の交通機関の車両ドライバー、サービス労働者である。中流の世帯収入は4万5千ドル～7万ドル、教育水準は大学卒、職業は低位経営者、低位専門職（看護師、教師、ソーシャルワーカー、図書館司書）、高賃金の技術者である。上層中流の世帯収入は7万ドル以上、教育水準は多くの場合、大学院卒、職業は上位経営者、高度専門職（弁護士、建築家、内科医、大学教授、コンピューターコンサルタント、ビジネスコンサルタント、歯科医）である（Carrington 1999: 244）。

（6）この論点は、ギデンズの『親密性の変容』における中心的課題ではない。しかし、同性愛者と異性愛者双方の関係性をカバーすることと、家族研究へのギデンズの理論的影響力の大きさを考慮し、この論点を重点的に取り上げる。

（7）本書は同性愛／異性愛の二分法自体を問い直すものではない。後述する〈親密性―生活モデル〉は、クィア理論を厳密に受け継ぐものではないが、ヘテロノーマティビティを分析視角におく。

（8）「セクシュアリティを加えてかき混ぜる（Add Sexuality and Stir）」というアプローチは「ジェンダーを加えてかき混ぜる（Add Gender and Stir）」に倣ったアイデアであると思われるが、「加えてかき混ぜる」意味が両者で異なる。すなわち、「ジェンダーを加えてかき混ぜる」は、対象となっている問題に対して女性の問題を単につけ加える方法を批判的にとらえる表現である。これに対して、デュンは従来の研究とは異なり性的アイデンティティに注目して「セクシュアリティを加えてかき混ぜる」を肯定的な意味合いで用いている（Dunne 1998）。

（9）関係満足度とは、パートナーとの関係がどの程度良好（であると感じている）かを示す概念である。カーデックはthe Dyadic Adjustment Scale（Spanier 1976）のうち関係満足度に関わる項目を用いている。

（10）モノガミーは、人類学において一夫一婦制を指す概念である（石川ほか 1994: 464）。一方、セクシュアリティ研究において、ノンモノガミーは、非排他的な性的関係を指す（Eadie 2004 = 2006 : 200）。ノンモノガマスの関係性の例として、カップルが互いに他の性愛関係を認め合うオープン・リレーションシップなどが挙げられる。本書では、ノンモノガミーを一対一でない性愛関係を指す概念として用いる。

第3章　インタビュー調査の概要

1　インタビュー調査の目的

本書の調査ではインタビューに基づく質的調査法を採用した。これは統計的データに基づく量的調査法とは異なる知見を得る目的による。同性愛者の親密性と生活の相互関係は、海外を中心に、おもに量的調査に基づいて解明されてきたが、質的な観点から十分に研究されてこなかった。

本書は、ゲイカップルにおける親密性と、家計組織、消費者行動、家事分担、ワーク・ファミリー・コンフリクトなどの生活領域の相互関係を実証的に解明することを目的とする。これらは量的調査だけで十分に解明することはできない。なぜなら、調査票を用いてあらかじめ想定した変数のみを調査する方法では、想定されない変数による影響を分析することが不可能なためである。

本書の調査手法である半構造化インタビューでは、調査者があらかじめ想定していなかった事柄を対象者が語るとき、さらに深く質問を投げかけて掘り下げることが可能である。何をどの程度取り上げるかはケースによって異なり、たとえば、後述する生活の個別性や、意思決定プロセスなどは、会話の流れにより、何を深く聞き取れるかに差異が生じたため、データが十分に得られた生活領域に着目した。

2　インタビュー調査の概要

2・1　調査期間と調査対象者

調査期間は、二〇〇七年六月から二〇一〇年一〇月までである。また同じ期間に、調査時間等の都合により、十分な聞き取りができなかったケースなど、同一対象者に再調査を行った。本書で考察するのは、原則的に最新の調査時のデータである。必要に応じて初回の調査に遡ってデータを用いた時はその都度注記した。

調査対象者は、東京圏在住で、同性パートナーと同居する男性同性愛者、すなわちゲイカップルであるが、対象者の偏りや時間の経過に伴う本書の特徴を述べておきたい。

第一に、同性パートナーと同居している人はセクシュアル・マイノリティの男性の一部である。したがって、本書の知見は、同性パートナーと同居していない人も含むセクシュアル・マイノリティの男性全体には当てはまらないが、ゲイカップルの同居生活の特徴を映し出すことができる。

第二に、本調査でインタビューに協力してくれた対象者の多くは20代～30代であり、比較的若い世代に偏っている。したがって、本調査から高齢カップルの特徴を明らかにすることはできないが、若い世代のカップル同士の類似や相違を把握できる。さらに調査対象者は東京都心もしくは都心通勤圏内在住であった。

同性愛者のウェルビーイングは、都市部と地方で異なるとされる（Wienke and Hill 2013）。親密性や生活のあり方も都市部とそれ以外では異なるであろう。本書は地方在住者の特徴を明らかにすることはできないが、都市部に共通するゲイカップルの仕事や生活を読み取ることができる。

第三に、「まえがき」でも述べたように、調査から十年近く経過しており、インタビューデータの背景には二〇〇〇年代後半の社会動向がある。その後のカップルの変化や社会動向の推移は把握していないが、パートナー関係の質において、本書の調査結果は有用性を持ち続けている。

2・2　調査目的と調査項目

調査目的は、ゲイカップルのパートナー関係および生活、ゲイカップルが抱える問題を明らかにすることである。

インタビュー調査の質問項目は、年齢・職業・収入・学歴などの属性、友人関係、性愛関係、パートナーとの生活（家事分担、家計管理、生活費負担、収入に対する意識、住宅確保の困難さ、病気の看病や介護、関係性や生活への満足、貯蓄、住宅ローン、借金、行動の自由度、対等なパートナーシップ、周囲の住人との関係）、職業生活（一日のスケジュール、仕事のやりがいとつらさ、仕事が家事に及ぼす影響、仕事の選択理由、離職の経験と意識、生活価値観、職場における手当等の保障、職場における結婚などの話題、性別職域分離・性差別）、パートナーシップ・子ども・結婚・家族に関する意識、セクシュアリティの自覚化と性経験、カミングアウトである。

2・3　調査対象者とパートナーの属性と社会経済的特徴、実施要領

調査対象者は機縁法によって募り、調査研究中に知り合った人や、知人の紹介者に調査を依頼したほか、セクシュアル・マイノリティ向けのコミュニティ・センターおよびイベント、SNSの同性カップルのコミュニティへ依頼メッセージを送信した。そして、各人3～4時間程度の半構造化インタビューを実施した。調査の実施要領は表3・1の通りである。

カップル双方に調査を実施した1ケースと、片方のみに実施した9ケースがあり、協力者は11名、10組のカップルである(1)。カップルの概要を表3・2に、10組のカップル（20名）の年齢構成、雇用形態、収入等の詳細を表3・3に記した(2)。

2・4　倫理的配慮

本調査では倫理的配慮として、対象者に調査の目的と内容を口頭および書面で説明し、回答したくない質問に答える必要はないこと。そして、データは学術的研究以外の目的では使用しないこと、個人が特定されない形でデータを研究に使用することを伝えて同意を得た。インタビューの録音は、了解を得た上で行い、録音内容のテープ起こしの際に、個人が特定される可能性のある情報を削除するなどの配慮を行った。

表3.1　調査実施日・場所・依頼方法

調査対象者	調査実施日	調査場所	依頼方法
Aさん	①2008/ 9/28（日）	AさんとBさんの自宅	調査研究中に知り合った
	②2010/ 8/06（金）	都外喫茶店	
Bさん	①2008/ 9/28（日）	AさんとBさんの自宅	Aさんの紹介
Cさん	①2007/ 7/27（金）	都内市民センター	調査研究中に知り合った
	②2008/ 6/ 1（日）	都内市民センター	
	③2010/ 8/ 5（木）	都内市民センター	
Dさん	①2008/ 8/ 9（土）	コミュニティ・センター	イベント（知人の紹介）
	②2010/ 8/12（木）	都外喫茶店	
Eさん	①2008/ 9/21（日）	都外文化会館	SNS
	②2010/ 7/27（火）	Eさんの自宅	
Fさん	①2008/10/ 9（木）	都内区民会館	SNS
	②2010/ 7/26（月）	都内ファミリーレストラン	
Iさん	①2009/ 5/31（日）	都内区民会館	イベント（知人の紹介）
	①2010/ 7/28（水）	都内喫茶店	
Jさん	①2009/ 7/12（日）	都内喫茶店	SNS
Kさん	①2009/ 7/15（水）	都内区民会館	SNS
Lさん	①2009/ 7/22（水）	Lさんとパートナーの自宅	SNS
Mさん	①2009/ 7/26（日）	都内喫茶店	SNS
	②2010/ 8/ 3（火）	都内喫茶店	

表3.2　調査対象者とパートナーの概要

年齢		雇用形態		収入（税込）	
20～29歳	7	正社員	12	200万円未満	2
30～39歳	11	派遣・契約社員	3	200～400万円未満	9
40～49歳	2	自営業	2	400～600万円未満	4
		学生・契約社員	1	600～800万円未満	2
		無職	2	800～10000万円未満	0
				1000万円以上	2
				不明	1

表3.3　調査対象者とパートナーの属性と社会経済的特徴（調査時）

	調査対象者 パートナー	年齢 雇用形態	年収＊1	労働時間帯 ①出勤／帰宅 ②労働関連時間 （出勤～帰宅）	住居形態	交際期間 （同居期間）	家計 組織 ＊2	家事分担 （多く分担） ＊3
1	Aさん	20代後半 正社員	380万円	①7:30／20:00 ②12時間30分	持ち家 （Bさん 名義）	2年8ヵ月 （2年7ヵ月）	独立型	不平等 分担型 （Aさん）
	Bさん	30代後半 正社員	700万円	①8:15／19:30 ②11時間15分				
2	Cさん	30代後半 自営業	400万円	①14:00／21:00 ②7時間	持ち家 （Cさん 名義）	3年8ヵ月 （1年半）	独立型	平等 分担型
	パートナー	30代後半 派遣社員	240万円	①9:30／21:00 ②11時間30分				
3	Dさん	40代後半 正社員	500万円	①7:15／20:30 ②13時間15分	持ち家 （Dさん 名義）	12年 （9年）	独立型	不平等 分担型 （パート ナー）
	パートナー	30代前半 正社員	350万円	①7:10／19:30 ②12時間20分				
4	Eさん	30代後半 正社員	2000万円	①6:00／21:00 ②15時間	持ち家 （Eさん 名義）	9ヵ月 （8ヵ月）	独立型	平等 分担型
	パートナー	20代後半 学生・契約社員	350万円	①9:30／21:30 ②12時間				
5	Fさん	30代前半 正社員	320万円	①7:40／19:30 ②11時間50分	賃貸住宅	6年3ヵ月 （5年9ヵ月）	拠出型	平等 分担型
	パートナー	30代後半 派遣社員	N.A.	①8:00／18:00 ②10時間				
6	Iさん	20代後半 無職 （求職中）	0円	①— ②—	持ち家 （パート ナー名義）	6年2ヵ月 （5年8ヵ月）	手当型	不平等 分担型 （Iさん）
	パートナー	30代前半 正社員	（500万円）	①7:50／22:00 ②14時間10分				
7	Jさん	20代前半 正社員	350万円	①7:30／21:30 ②14時間	賃貸住宅	3年 （1年10ヵ月）	独立型	平等 分担型
	パートナー	20代後半 正社員	550万円	①7:30／20:15 ②12時間45分				
8	Kさん	30代前半 無職 （求職中）	0円	①— ②—	賃貸住宅	3年 （3年）	独立型	不平等 分担型 （Kさん）
	パートナー	30代前半 正社員	（600万円）	①8:10／23:30 ②15時間20分				

9	Lさん	20代前半 派遣社員	360万円	①8:00／21:00 ②13時間	持ち家 (パートナー名義)	2年 (2年)	独立型	不平等分担型 (パートナー)
	パートナー	30代後半 正社員	1300万円	①8:30／21:00 ②12時間30分				
10	Mさん	40代前半 自営業	月15～ 40万円	①8:00／20:00 ②12時間	賃貸住宅	5年 (5年)	独立型	不平等分担型 (Mさん)
	パートナー	20代後半 正社員	370万円	①8:00／21:00 ②13時間				

＊1　対象者がパートナーの収入を全く認識していないときはN.A.，類推による回答のときは（　）に金額を記した。

＊2　家計組織のタイプは，拠出型，独立型，手当型が確認されたが，合算型は該当がなかった（分類法は第4章2節2・1参照）。Kさんは転職のために一時的に退職し，貯蓄から生活費を支出していたことから独立型に分類した。

＊3　家事分担のタイプは，料理，洗濯，掃除，食器洗い，ごみ処理，食料品・日用品の買い出しの6つの家事項目の分担割合を総合した結果，6対4から4対6までを平等分担型，それ以外を不平等分担型に分類した（第6章2節2・1参照）。

注

（1）本書では分析に最低限必要なケース数であると判断して、10組のカップルを対象とした。

（2）調査対象者の社会経済的特徴からゲイ男性（もしくはゲイカップル）は高収入であるという印象が生じるかもしれない。しかし、筆者は異性愛者の男性と比較してゲイ男性は収入が低い可能性があると考える。

釜野（2012）によると、米国における性的指向と収入に関する大半の研究において、男性はゲイペナルティ（異性愛者の男性に比してゲイ男性は収入が低い）、女性はレズビアンプレミアム（異性愛者の女性に比してレズビアン女性は収入が高い）があるか、もしくは関連性がないという結果が支持されている。釜野は、性的指向と収入が関連すると考えられる理由を説明している。

第一に、結婚・子どもを持つことに対する評価と差別によって説明される。「結婚すること」から雇用主が受けるシグナルによって、異性愛男性に比べてゲイの評価は下がり、異性愛女性に比べてレズビアンの評価が高まることが収入差につながるという。男性は結婚している方が責任感があり、人格も安定しているため昇給の価値があるとみなされるが、ゲイは結婚しないとみなされるために結果的にペナルティを被るという。女性は結婚、出産によって退職するとして評価が低下して差別されるが、レズビアンは結婚せず、子どもも持たないとみなされるために、差別対象にならない。「投資」という観点からは、雇用主は、雇用者の妊娠の可能性に応じて賃金や訓練への投資の量を決めるが、レズビアンは仕事に忠誠心があるとみなされ、投資が多くなるという。

第二に、結婚が当人の行動に与える影響によって説明される。男性は結婚すると家族を養う責任が生じる上、妻のサポートを得て仕事に集中できるために収入が高くなる。結婚した男性の生産性は性別役割分業のために上がるが、ゲイがカップルになることの影響はわからないという。一方、女性は結婚すると家事を担うために生産性が落ち、収入が下がる可能性があるが、レズビアンは結婚しないために生産性が保たれ、異性愛女性との違いが生じる可能性があるという。さらにレズビアンはパートナーと家事を分担し、働きやすくなるために生産性が高まるのではないかという指摘もある。

第三に、想定されるパートナー関係によって説明される。将来のパートナーが女性か男性かによって行動が異なり、男女とも、男性パートナーを持つ場合は世帯収入が高くなると予想して、余暇の時間を増やし、働く時間を減らす結果、収入が低くなる。逆に女性パートナーを持つ場合は男性の収入へのアクセスが見込めないと予想して、異性愛女性よりも教育や仕事に時間や労力を費やし、収入が高くなるという。

第2部　ゲイカップルのパートナー関係・親密性・生活

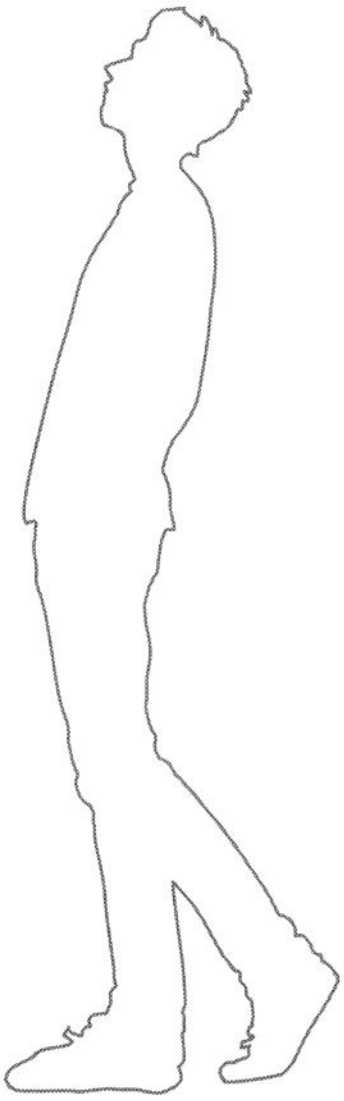

第4章　家計の独立とパートナー関係——個別化する家計と生活

1　レズビアン／ゲイカップルの家計組織

1・1　ゲイカップルの家計組織への関心

近年、欧米諸国を中心に同性婚やパートナーシップ登録制度(1)など、家族やパートナー関係の変容を反映した法的保障が進行している。セクシュアル・マイノリティに対する社会的認知が徐々に高まるなかで、ゲイカップルのパートナーシップの考察が必要となっている。しかし、家族社会学のパートナーシップ研究の多くが異性愛カップルを対象としており、同性カップルの生活に関する研究はほとんど行われていない。

家計組織に着目するのは、パートナーとの関係性や生活に家計組織が深く関わるためである。家計組織とは、家計費と区別して、個人と家族の経済的側面を示す概念である（御船 1995：57）。カップル双方の収入の有無、共通の財布の有無、共通の財布の大きさ、共通の財布の管理方法など、家計の管理方法に焦点が当てられる。

たとえば、デイヴィッド・チールによれば、カップルにおける金銭の管理方法は、パートナー間にどの程度の経済的・社会的不平等が存在するかだけでなく、家族の相互作用にも関連する重要な問題である（Cheal 2002 = 2006 : 179）。また、家計の管理方法による夫婦の関係性の違いも明らかにされている。たとえばジャン・パールは夫婦間の金銭管理を、①妻管理型、②手当システム型、③共同管理型、④独立管理型の四つのタイプに分類し、共同管理型の金銭管理と夫婦間の平等性の関連の検討などを行った（Pahl 1989 = 1994 : 72-83）。

1・2　家計組織アプローチの研究例

欧米のレズビアン／ゲイカップルの家計組織研究では、レズビアン／ゲイカップルが家計を共同にする困難性が指摘されている。たとえば、ジェフリー・ウィークスらは、インタビュー対象者の語りに基づき、同性愛者のパートナー関係において、収入の不平等はおそらく最も頻繁に分断を引き起こす要因であることから、収入や住居の所有権を共同にすることは実際に、また政治的にも困難であるとしている（Weeks et al. 1998 : 92）。

Q：　銀行の口座を共同にしたことはありますか？

A：　いいえ、いいえ、そんな異性愛的なことはできません。（Weeks et al. 1998 : 92）

他方で、家計の共同性が高いカップルも存在する。たとえば、カップルが共通の財布をもつ可能性は同居期間の長さにつれて増大し（Blumstein and Schwartz 1983＝1985a; McWhirter and Mattison 1984）、レズビアン／ゲイカップルは家計の共同が見られるという（Carrington 1999 : 161）。

家計の共同には、人種による違いが生じる可能性が指摘されている。たとえば、黒人のレズビアンカップルの調査によると、平等な家事分担よりも経済的な自立が重視されており、銀行口座を共有していたのは、半数以下であった（Moor 2008 : 343）(2)。生活費負担の調査では、レズビアン／ゲイカップルは異性愛の夫婦より家計を平等に分担するという（Solomon et al. 2005 : 565-571）。

日本のレズビアンカップルへのインタビュー調査では、それぞれの収入を共同で管理する共同管理型と、個別に管理する支出分担型がほぼ半々であった（釜野 2009b : 191）。生活費分担の調査では、レズビアンカップル双方の支出額はほぼ同じであり、家計への貢献度に大差はないとされている（杉浦 2008 : 42）。

1・3　家計の共同性　知見と限界

欧米の研究では、長期的に関係が継続する同性カップルは、家計の共同性が高まることがわかる。他方、日本の研究では、レズビアンカップルは収入の共同管理と個別管理の双方が見られた。パートナー間の生活費の分担が比較的平等である点は、欧米と日本で共通している。

しかし、解明されていない点もいくつか存在する。第一に、日本におけるゲイカップルの家計組織はこれまで解明されていない。そこで、欧米のレズビアン／ゲイカップルおよび日本のレズビアンカップルとの特徴と対比させながら、その特徴を明らかにする必要がある。

第二に、家計の共同性／独立性と平等なパートナーシップとの関連が解明されていない（3）。先述のウィークスらの言う実際の困難とは、たとえば、パートナー間で収入を共有した後にパートナーのどちらかが死去すると、共有財産を相続できないなど、制度的保障がないために生じる不利益を想定していると思われる（4）。これに対して、政治的な困難とは、たとえば、収入格差があるパートナー間で収入を共有した時に、高収入のパートナーが低収入のパートナーを扶養するという不平等が生じることを想定していると思われる。したがって、パートナー間に収入格差があると、家計の共同は平等なパートナーシップを妨げることがわかる。では、家計が独立していると平等なパートナーシップは成立するのか。この点はこれまで十分に解明されていない。

第三に、日本のゲイカップルの家計組織や生活状況と、ヘテロノーマティビティとの関連が解明されていない。欧米の同性カップル研究では、財産権等の制度的保障を受けることができないなど、ヘテロノーマティビティがパートナー関係と家計に与える影響が解明されてきた。ヘテロノーマティビティがゲイカップルのパートナーシップに及ぼす影響を解明することは、社会規範の作用を明らかにする点で社会学的な意義も大きい。

次節ではインタビューの語りに基づき、日本におけるゲイカップルの家計組織とパートナー関係の関連を考察するために、①ゲイカップルの家計組織の特徴、②家計の共同性／独立性と平等なパートナーシップとの関連、③ヘテロノーマティビティが、ゲイカップルの家計組織や生活状況に及ぼす影響を明らかにする。

2　ゲイカップルの家計は独立か、共同か——共通の財布の有無

2・1　家計組織のタイプ

異性愛家族の家計組織研究（木村 2004；御船ほか 1992；御船 1992；Pahl 1989＝1994）を参照し、ゲイカップルの家計状況を考慮して、本書では家計組織を次の四つのタイプに分類する。

(1)合算型　共通の財布が存在し、カップル双方の収入をすべて合算する
(2)拠出型　共通の財布が存在し、カップル双方の収入の一部を拠出する
(3)独立型　共通の財布は存在せず、それぞれが自分の収入を独立に管理し、必要に応じて生活費(5)を出し合う
(4)手当型　カップルの一方が他方に対して定期的に家計費手当を与え、家計の一部の管理を委任する

この分類に従うと、合算型は該当なし、拠出型はFさん、独立型はAさん・Bさん、Cさん、Dさん、Eさん、Jさん、Kさん、Lさん、Mさん、手当型はIさんとなった。本書の調査対象のゲイカップルの家計を分類した結果、財布を個別に管理するなど家計組織の独立性が目立つ(6)。

先述のように、日本のレズビアンカップルでは収入の共同管理と、個別管理がほぼ半々であった。筆者のゲイカップル調査と、釜野のレズビアンカップル調査は別々に行われたものであり、直接の比較はできない

が、家計組織に関してレズビアンカップルとゲイカップルで違いが生じている可能性がある。

2・2　家計の独立と生活水準の格差

このような家計組織の独立性は、パートナー関係にどのような影響を及ぼしているのか。家計の独立性に関連してパートナー間の生活水準の格差が語られたケースを、ここで取り上げたい。

インタビュー調査においてパートナーとの収入の差を意識するかどうかを質問したところ、高額の商品を購入する際に、このような意識が生じるという語りが得られた。Cさんは、自分は高額の買い物をすることができるのに対して、パートナーができない時に、パートナーとの収入格差を意識すると語る(7)。

Q：パートナーとの収入の差を意識することはありますか。
C：うん。あるね。
Q：どういう場合にある？
C：まあ、大きい買い物とか、自分はできても、相方はできなかったりとか。
Q：その時にどういう風に感じますか。
C：そうねえ、まあ、なんか、解決方法はないよね。今の、自分が最初付き合った頃は〔パートナーは〕給料の高い所だったんだけど、そこから比べて、今、たぶん、かなり減っているので……。
Q：それは、パートナーの収入？
C：うん。たぶん、月10万円くらい落ちていると思うので、まあ、それを理想としてはスキルアップとかして、〔給料が〕高い所に行ければいいなと思うけども、まあそれもなかなか難しい感じかな。

パートナーとの旅行中に、パートナー間の収入格差が意識されたケースもある。Eさんは旅行先で、地元の特産品を食べようと考えていたが、パートナーの収入を考慮してとりやめたと語る。

Q：パートナーとの収入の差を意識することはありましたか。
E：ありました。
Q：どういう時に差を意識しましたか。
E：うーん。何か、たとえば、出かけていって、価値観がずれている時ですね。
Q：何か、具体的に印象に残っていることはありますか。
E：たとえば、旅行に行って、私はせっかくの旅行だから、その当地のおいしいものを食べたくて、別にお金で解決できるんだったら、食べれるんだったら、食べてもいいじゃんっていう感覚だったんですけど、彼的にはちょっとそれは高すぎるっていう、そういう金銭感覚のずれっていうのはありましたね。結局食べませんでしたけど。

同様のケースとして、Dさんを挙げることができる。パートナーはDさんよりも収入が低く、Dさんはパートナーとの旅行中に、収入差を意識すると語る。

友人との付き合いで同様の意識が生じることもある。Fさんは、パートナーやその共通の友人との付き合いの時に収入差を意識すると語る。

Q：パートナーとの収入の差を意識することはありますか。

F：うん、ある。

Q：どういう時にありますか。

F：たとえば、一緒に飲みに行こうとか、遊びに行こうとか、行った時に、向こうがお金ないとか、誰か友だち何人かで飲みに行こうとかなったに、まあ、〔パートナーを〕誘うんだけど、「なるべく安い店にしてね」とかいう時に〔パートナーとの収入の差を〕感じるよね。

日常生活においてもパートナー間で生活水準が異なる場合がある。AさんとBさんは都心から離れた郊外で暮らしており、双方とも都内に勤務しているが、Bさんは収入が高いため、新幹線を利用するのに対して、Aさんは在来線で通勤している。

A：自分〔＝パートナー〕は最近、新幹線で通勤してるからね、朝。

Q：え？　あっち？

A：うん。

Q：○○〔＝出発地〕から○○〔＝到着地〕まで？

A：うん。

Q：すごいね、それ。
A：ムカつくよね。
Q：一瞬じゃない？　それ。
A：そう。10分くらいで着いちゃう。でも、ここから○○○〔＝出発地の駅〕までもまた15分から20分くらいだから。でも、××××線〔＝路線名〕遅いから、40分から50分くらいかかっちゃうし、ちょっと、いつも遅延するしさ。って思うと、新幹線の方が速いみたいで。しかも、相手、駅から直結の会社だから、近くていい。△△〔＝Aさんが勤務する会社の所在地〕の時は、△△で降りて、○○○○〔＝Aさんが勤務する会社が入っているビルの名称〕まで15分くらいだから。結局、自分よりお金持ってるから、新幹線通勤できるわけじゃん。そういうのにもイラっとする。

家計組織が独立しているゲイカップルでは、パートナー間に収入格差があると生活水準に格差が生じることがわかる。従来、収入格差のもとで家計が共同のカップルでは、一方が他方を扶養するという不平等が生じることは明らかであった。しかし、収入格差のもとで家計が独立したカップルでは、パートナー間に生活水準の格差が生じるという不平等は、これまで解明されていない。したがって、収入格差が同性愛者のパートナー関係にどのような影響を及ぼすかという考察には、家計の共同性（共通の財布がある）と独立性（共通の財布がない）の双方を視野に入れる必要がある(8)。

こうした家計の共同性／独立性については、異性愛家族の「家計の個別化」が指摘されてきた。「家計の個別化」とは、従来の「一家族一家計」から、家計が共通の財布だけでなく、複数の個人の財布（個計）を内部に持つ変化を指す。家計の個別化の多くは、個人の財布が無視できない大きさになったことが強調された（御船 1996:216-217）。その一方で、多くの夫婦において家計の共同が見られることも確認された（木村 2004）。したがって、異性愛家族の「家計の個別化」は、共通の財布が存在しないゲイカップルの家計組織の独立性とは異なる現象である。

異性愛家族においては家計の個別化が進行する一方で、家計の共同が存続しているのに対して、ゲイカップルは多くの場合、家計の共同そのものがなく、独立した家計組織によって生活水準の格差と不平等が生じているのである。

2・3 ヘテロノーマティビティの影響

(a) 生活の個別性 意識・行動・空間

生活の個別性とは、各パートナーが独立した家計のもとで、収入や生活財を個別に所有する生活実態を指す。財団法人家計経済研究所による「家族生活の共同性と個別性に関する調査研究」（財団法人家計経済研究所 1991;2000）を参考にして、意識・行動・空間の三つの側面から、生活の個別性を見ていこう。

第一は意識的側面で、Fさん、Iさん、Kさんはパートナーの収入を認識していない(9)。Kさんは転職のため一時的に離職しているが、働いていた頃の自分の年収と現在のパートナーの年収に関して次のように述べる。

Q：　えっと、それぞれ、税込みの年収をお聞きしても大丈夫ですか。

K：相手の〔収入〕は知りません。僕は〔働いていた頃は〕300万ぐらいだったと思います。
Q：パートナーの方の方が年収高かったんですか。
K：たぶん、倍ぐらいあったんじゃないかな。詳しくは聞いてません。

Iさんはパートナーの収入について「向こう〔＝パートナー〕は500〔万円〕とか、よくわかんないです」と語り、パートナーの収入を詳しく知らないという。同様に、Fさんも自分の収入はわかるが、パートナーの収入は認識していない。

第二は行動的側面で、たとえば持ち家のケースでAさん・Bさん、Cさん、Dさん、Eさん、Lさんはカップルのうち住居を所有する相手に対して、毎月生活費（「家賃」と呼ばれる場合がある）が支払われる。Dさんはパートナーと同居するための住居を購入し、パートナーと同居しているが、話し合いの結果、パートナーの経済的状況を考慮しつつ毎月生活費の一部をパートナーから受け取っている。Cさんも相手が作った料理を食べる場合、材料費を支払うと語る。

C：今は結構食べる物が別々の物を食べたりするので、まあ好きな物を買ってきて自分で払って自分で買ってきてってことが多いかな。「これちょうだい」とか、そういうのがあったとしても、それは許容範囲というか。
Q：じゃあ、二人で一緒に食べるってことはあんまりないの？
C：向こうが作ったものを自分がいただくことはあるけど、その時はまあ材料費というかお金を払って、食べたりしてる。「今日のカレーいくら？」とか。

第三は空間的側面で、たとえばDさん、Fさんはカップル双方が固定電話を所有し、電話料金を支払う。Dさんは各々の住民票が別で、身分証明のために固定電話を個別に所有している。Fさんとパートナーも各々が固定電話を所有し、電話料金を支払っている。

(b) 生活の個別性とヘテロノーマティビティ

このような生活の個別性はヘテロノーマティビティとどのように関連しているのか。杉浦郁子は、婚姻関係にない同性カップルが住宅ローンを共同名義で組むことが困難であることから、一方の名義でローンを組み、名義を持たない方が「家賃」を支払うことで、実質的に二人で協力してローンを返済していることを明らかにした（杉浦 2008：41）。本書のインタビュー調査でも、パートナーと同居するための住居を一方が購入し、他方が「家賃」を支払うという分担が確認された。

さらに本書の調査では、Fさんのカップルは、親や仕事上の知人に、同性パートナーとの同居を知られたくないために、双方が固定電話を所有しているという。

Q：別々に電話回線を引いているのはどうしてですか。

F：やっぱぱそれぞれお互いのプライベートというか、お互いの世界というかね、いろんな関係があるから、一緒にするのはまずいでしょってというところかな。

Q：それは携帯電話だと、えっと携帯電話は別々に持つじゃないですか。それだとだめなんですか。

F：あー別にそれでも構わないけど、俺は一般電話が必要だから引いてるだけ。向こうはあんまり使ってないから、いらないっちゃいらないんじゃないかな。

Q：一般的な異性愛の夫婦の場合は、固定電話は一緒にしますよね。で、〔Fさんとパートナーは〕別々にされていますよね。それはどうしてですか。

F：あーそれは向こうが親にカミングアウトしてないから。それにまあたとえば、仕事関係とか、一般電話にかかってくるわけじゃないけど、異性愛のカップルと違って社会的に結婚しているとか別に言ってるわけじゃないから、そこでこれにかけてきて、なんか別の人が出たら、それはそれでちょっと困るかな、名字も違うし。

釜野はセクシュアル・マイノリティのカミングアウトに関する研究（砂川・RYOJI 2007）に基づき、レズビアン／ゲイの子どもは親へのカミングアウトをめぐって、親から拒否されるのではないかという恐怖感や、親がショックを受けると思うとカミングアウトできないという気持ちを持つなど、親に伝えるか否かをめぐる葛藤を多かれ少なかれ経験することを指摘している（釜野 2009c：152）。Fさんのパートナーに直接インタビューを行っていないが、Fさんの語りから、パートナーはこのような経験をしていることが推察される。

以上のように、ゲイカップルの家計の独立に伴い、異性愛家族では一般に見られない生活の個別性が確認された。ゲイカップルには異性愛家族のような制度的保障を受ける選択肢が存在しないことや、同性愛者への差別というヘテロノーマティビティが関わることがわかった。

3　パートナー間の生活格差と生活の個別性

3・1　ゲイカップルの家計の独立が及ぼす影響

先述のように日本のレズビアン／ゲイカップルの間では、家計組織が異なる可能性がある。一般化するには慎重な判断が必要であり、あくまで仮説であるが、レズビアンカップルはそれぞれの収入を共同で、あるいは個別に管理するのに対して、ゲイカップルは個別に管理するケースが目立つ。

ここでレズビアン／ゲイカップルの収入と労働時間の違いを挙げておきたい。異性愛家族の家計組織研究によれば、夫婦の収入が高いほど、また労働時間が長いほど、家計組織の独立性が高まる（御船 1995:60, 62-63）。同性愛者では、レズビアン（カップル）よりもゲイ（カップル）の方が収入が高い（Klawitter 2002; 竹内 2011）。労働時間に関するデータは見つからなかったが、一般的に高所得者は労働時間が長いことを考慮すると、レズビアンカップルよりもゲイカップルは労働時間が長いことが推察される。

さらに、家計組織の違いは、セクシュアリティや親密性とも関連する。異性愛家族の家計組織研究によれば、家計組織の独立性が高い人は配偶者以外との性関係を「迷惑がかからなければ構わない」と考える（御船 1995:61）。同性愛者のセクシュアリティや親密性に関する研究によれば、ゲイ（カップル）はレズビアン（カップル）よりもノンモノガマスである（一対一でない性愛関係をもつ）（Blumstein and Schwartz 1983＝1985b; Peplau et al. 2004; Solomon et al. 2005; 杉浦・矢島 2000）。家計組織の独立性が目立つゲイカップルの方にノンモノガマスな関係性が見られるのは、異性愛家族の研究結果と一致している。したがって、家計組織の違いを収入や労働時間、あるいはセクシュアリティや親密性から検討することに意義を見出せる。

3・2　家計の共同／独立と平等なパートナーシップ

本章では、ゲイカップルは家計が独立しているため、パートナー間に収入格差があると生活水準の格差という不平等が生じること、こうした結果は海外の研究において十分に解明されておらず、家計の独立／共同の双方を視野に入れて、レズビアン／ゲイカップルの家計組織を分析する必要があることを考察してきた。

ゲイカップルのパートナー間の家計の独立は平等なパートナーシップを成立させるとは限らず、パートナー間の収入格差が生活水準の格差を生み、不平等が生じることが明らかになった。したがって、平等なパートナーシップの成立において、家計組織のあり方だけでなく、収入が重要な役割を果たすといえよう。また、欧米のレズビアン／ゲイカップルと同様、日本のゲイカップルにおいてもヘテロノーマティビティがパートナー間の家計組織や生活状況に対して影響を及ぼしており、パートナー間で生活の個別性が生じている。

今後、パートナー間の収入格差によって生活水準の格差が生じても、平等なパートナーシップは成り立つのか、ヘテロノーマティビティは生活の個別性にどのように関わるのか、生活の内実から明らかにする必要がある。

注

（1）パートナーシップ登録制度とは、結婚とは異なる枠組みによりカップルの権利を法的に保障する制度。

結婚とは法的効果が異なる。同性カップルのみを対象とする場合と、異性カップルも対象とする場合がある。フランスのパックス（民事連帯契約）、スウェーデンのパートナーシップ登録法、ドイツの生活パートナーシップ法、イギリスのシビル・パートナーシップ法などが挙げられる。制度については杉浦・野宮・大江（2016）参照。

（2）キャリントンの調査では二年以上同居のカップル52組のうち38組に、ムーアの調査では、32人のうち14人に、家計の共同が見られた。

（3）本書では平等なパートナーシップを、関係性や生活領域における対等や均衡に見る。本章では収入と家計組織タイプの組み合わせを、平等なパートナーシップの指標とする。

（4）同性カップルが共同名義の銀行口座を利用する困難性も考えられる。イギリスでは異性愛の夫婦は銀行口座を共同名義で開設することができる。しかし、ウィークスらの研究が発表された一九九八年当時、イギリスでは同性婚は成立していない。したがって、婚姻関係にない同性カップルは共同名義の銀行口座を開設できない可能性がある。また、窓口でカミングアウトのできない同性カップルも開設困難であると思われる。

（5）本書において生活費とは、家賃、食費、水道光熱費、固定電話料金、インターネット料金など日常生活に必要な費用を指し、娯楽や趣味などの個人的支出と区別して用いる。

（6）本書において家計組織の独立性の高さは、家計の共同性の度合を指標とする。具体的には共通の財布の有無や共通の財布の大きさ（共通の財布に入るのはカップル双方の収入のすべてか一部か）によって判断した。ダブルインカムのカップルは独立型、拠出型、合算型の順に家計組織の独立性が高いと判断される。

（7）本書のインタビューデータの記述法は、次の通りである。［　］は筆者の補足、Qは質問者（筆者）、A、B、C…は対象者（Aさん、Bさん、Cさん…）の語り、（笑）は笑い声を指す。長い語りは、文脈の理解に影響がないと判断した箇所を省略し、…（中略）…とした。

（8）家計の共同性は、共通の財布があることを指標とする。先に示した家計組織のタイプでは、合算型、拠出型、手当型は、家計の共同性に基づく家計管理である。
（9）Fさんは相手の収入を全く認識しておらず、Iさん、Kさんはパートナーの収入を推測して回答した。表3・3参照。

第5章　消費者行動としての家事の外部化——家事サービスの利用

1　消費者行動とは何か

1・1　消費者行動の定義

前章では、家計の管理方法に着目してパートナー関係を考察した。本章では、消費に焦点を当てて、ゲイカップルがいかにして生活を維持しているのかを明らかにしたい。

現代人の日々の生活は、さまざまな製品やサービスを購入し、消費（使用）し、処分することで成り立っている。このような生活を創造し維持するために消費者が行う活動は、消費者行動と総称される（青木2010：18-19；Blackwell et al. 2005：4）。本章では消費者行動を「消費者が製品やサービスなどを取得、消費、処分する際に従事する諸活動」と定義しておく。

消費者行動には次に示すようにさまざまな種類が存在する。すなわち、①消費と貯蓄の配分、消費支出の費目別配分を指す消費行動、②製品カテゴリーの選択、ブランドの選択、購入量・購入頻度の選択を指す購買行動、③買物場所の選択、店舗の選択を指す買物行動、④消費・使用方法の決定、保管・廃棄・リサイクルの決定を指す使用行動である（青木 2010: 43-46）。

本章ではさまざまな消費の中でも、家事の外部化に注目する。本書で述べる家事とは、生活維持のための無償労働であり、具体的には世帯を中心として行われる料理や洗濯、掃除などが挙げられる。家事の外部化とは、主に有償の家事サービスの利用を指す。その範囲は消費行動だけでなく、購買や買い物の行動にも及ぶため、消費行動ではなく「消費者行動」を主要な分析概念に据える。

1・2　同性愛者の消費者行動

同性愛者の消費者行動に関する従来の研究では、第一に、消費者行動における同性愛者と異性愛者の違いが指摘されている。たとえば、ゲイ男性は異性愛者の男性よりも買い物に時間を費やし、買い物を楽しみ、購入する気がなくてもファッションの情報を集める手段ととらえる傾向があると指摘されている（Rudd 1996: 120）。また、レズビアン／ゲイは異性愛者と比較して、自分をターゲットとした広告を好むこと（Aaker et al. 2002: 131）、異性愛者と比べてレズビアン／ゲイは、旅行、エンターテイメント、高価な服にお金を使い、ブランド志向であり、流行に敏感であること（Penaloza 1996）が明らかにされてきた。同性愛者の購買力に関しては、多くの同性愛者には子どもがいないために、自由に使える収入が高いと考えられている（Rudd 1996: 112）。さらに、消費者行動がアイデンティティに結びつくことも明らかにされた。たとえば、レズビアン／ゲイの中にはクィアなサブカルチャーの一部として自分自身を定義づけるのに衣服や宝石を用いる人もいるという（Freitas et al. 1996）。

第二に、消費における同性愛者に対する差別が明らかにされてきた。たとえば、小売店において、異性愛者に扮した学生のカップルとは異なり、レズビアン／ゲイに扮した学生のカップルは、店員の対応が遅く、指差され、嘲笑の対象にされ、無礼に扱われること（Walters and Curran 1996）、ゲイカップルは異性愛のカップルに比べて、ホテルの予約がうまくいかないこと（Jones 1996）が指摘された。

これらの知見はそれぞれ、同性愛者の消費者行動をマーケティングに応用する意義と、異性愛中心社会において消費がどのように展開されるのかを明らかにする意義があるが、同性愛者／同性カップルの生活が消費者行動を通じてどのように維持されるのかは解明されていない。

そこで本章では、ゲイカップルにおいて家事は外部化されるのか否か、どのような条件下において家事の外部化が進行するのか、しないのかに焦点を当てる。

2　ゲイカップルは家事を外部化しているか——外食・料理・掃除サービス

2・1　外食の利用　労働時間・収入の影響

まず、他のカップルと比較して、家事を多く外部化していたケースを取り上げたい。Jさんはパートナーとの間で、それぞれ自分に合った家事項目を分担している。週末は自宅で自炊を行うが、平日は料理を作る時間があまりないため、朝昼夕の三食を外食で済ませている。Jさんは、平日の食事について次のように語る。

〔自分とパートナーは〕朝同じタイミングで出れるので、なので、カフェとかで朝は済ませてしまって、で、お昼は職場で食べたりとか。外出して食べてるのかなと。夜については一緒の時には外食していて、おそらく外食に入ると思うんですけど、ファストフード等を買って家で食べるっていうのも時々ありますね。（Jさん）

Eさんも同様に、家事の多くを外部化している。Eさんとパートナーは、週に五回自宅で料理を作るが、毎回宅配サービスを利用して惣菜を一品注文している。また、三日に一度、靴下とタオル以外のすべての洗濯物をクリーニングに出している。

Jさん、Eさんはカップル双方の一日の労働時間を合計すると、Eさんが27時間で調査対象の中で最も長く、Jさんが26時間45分で二番目に長い。また収入の合計も高い。そのため家事の多くを外部化して、家事量を減少させることが可能になる。

こうした結果は、米国の同性カップルの家事労働研究の知見と一致する。たとえば、裕福な同性カップルにおいて、サービス経済への依存として家事が外部化されたり（Carrington 1999: 184-185）、カップル双方が一緒にいる時間を重視して、その貴重な時間を家事に費やすことを回避するため、家事が外部化されることが明らかにされている（Blumstein and Schwartz 1983 = 1985a: 185-186）。

この他に、Lさんは、パートナーと月に六回程度、外食に行くと語る。外食をする時は、サラダバー、ファミリー・レストラン、焼肉屋、ファストフード店等を利用するという。Lさんのパートナーは収入が高く、こうした消費者行動を可能にしていると考えられる。

Q：どんなものを食べに行くんですか。

L：たとえば、サラダバーとか、あとは、たまにガストとか、あとは、焼肉屋さんとかそんな感じですね。焼肉が多いですね。たまに、結構、遠出、休みが一緒の時は、遠出とかするので、遠出とかする時は、あの、マックとかに行って、ドライブスルーとかで、マックを食べながら遠出するみたいな。そんな感じですね。

その一方で、家事を外部化しにくいケースも存在する。AさんとBさんは原則として外食せず、自炊を行い、自宅で食事をとるケースである。Aさんは、忙しい時や、一人暮らしで自炊の費用負担が大きい時は、外食にしてもよいと語り、家事の外部化の条件に時間や金銭的理由が関わることが示されている。

Q：食事をすべて外食にすることについてどう思う？

A：ああ、まあ、忙しかったらしょうがない気がする。あと、一人だったら外食でもいいかなって思うんだよね。

Q：それはどうして？

A：なんか、一人分作ると、コストがたぶん割高。二人分でも、トントンぐらいのイメージ。

2・2　外食しない理由　食事に関する価値観

Fさんとパートナーは、二週間に一度程度、外食をするが、それ以外は基本的に自宅で料理を作る。Fさんは、自炊を行う理由として、外食は経済的負担が大きく、飽きること、家の食事を好むことを挙げている。

Q：もし、結構家で〔Fさんは食事を〕作られているじゃないですか。それを全部外食にすることについては抵抗ありますか。

F：惣菜とかを買ってきてってこと？

Q：とかでもいいですし、外食で済ませてしまうことについて。

F：別にない。それが毎日だったら嫌だけど、まあたまにはいいでしょ。

Q：毎日外食は嫌ですか。

F：嫌だ。

Q：それはどうしてですか。

F：お金かかるし、飽きるし、基本家で作って食べるのが好きだから。

Fさんが外食をしない理由には、自宅でとる食事に積極的な意味があることが示されている。こうした食事に関する価値観が家事の外部化に影響を及ぼしていることを示すケースは他にも存在する。

Kさんは、パートナーとの家事分担において料理を担当しているが、外食をあまり好まないことを語る。そして、その理由として他人が作った食事を口にしたくないことを挙げている。

Q：料理はもう100％自分がやるっていう感じですか。

K：はい。

Q：料理〔の担当〕はどういう風にして決まったんですか。

K：えっと、〔パートナーは〕もともと料理を作る人ではなかったので、向こうが作る要素がない。で、僕は外食が嫌いなので、自分が食べたいものを作るっていう、そうしたらそういう比率になったっていう。

Q：外食が嫌いな理由って何ですか。

K：えっと、わかりやすく言うと、誰が作ったかわからないものは食べたくないっていう。

同様にCさんは、外食はいずれ飽きることや、自炊を好む理由を語る。

Q：食事をすべて外食にすることについてどう思いますか。

C：それはお金もいっぱいかかるし、それこそ飽きてくると思う。

Q：どうして飽きるの？

C：まあ、行くとこって大体決まってくるじゃん。まあもっと都会というか、レパートリーがあるとこだったら、わかんないけど、自分の家の周りだったらたぶん、十軒くらいじゃない？　十種類くらい。十軒くらいの中で回そうとすると、やっぱり、大体好きな同じ物を頼む確率も高いだろうし。

Q：うんうん。百軒くらいあれば飽きない？

C：（笑）飽きないかもしれないけど、メニューもないような料理が食べたかったりする。

食事に関する価値観について、健康維持の観点から自炊が重視されることもある。Dさんは、高収入であれば健康に良い食事サービスに頼ることができてうらやましいが、日本の標準的な外食は健康に悪いため、自炊を行った方がよいと語る。

Q：家事を外部のサービスに頼ることについてどう思いますか。

D：別に、うらやましいなと思うくらいで、使えるなら使いたいかなとは思いますけど、まあ、健康面では、〔自炊をすれば太らないため〕スポーツクラブとかでランニングとかしなくてもいい。〔外部のサービスに頼ることについて〕うらやましいなとは思いますけど、健康とかいろいろ考えて〔自炊を〕やった方がいいかなと。価値観としては家のことときちんとすれば太らなくていいのかなという気もするし、うらやましくて使いたいなという気持ちもあるし。

Q：抵抗感とかありますか。

D：え？

Q：家事を外部のサービスに頼ることについて。

D：〔抵抗感〕はない。体を動かすために、そういうブレーキ。まず、収入が〔少〕ないから〔外部のサービスを〕使えないっていうのと、それがまずあって、健康のために家のことときちんとする。体動かせば、スポーツクラブだの、ランニングだのしなくてもいいんじゃないかっていう発想もあるし。ただ、〔外部のサービスを〕使えたらうらやましいなっていうのも、そういう気持ちと、そんな感じかな。

……（中略）……

Q：食事をすべて外食にすることについてどう思いますか。

D：賛成ではない。

Q：どうしてですか。

D：新鮮な野菜とか肉とか、収入があって、なんていうかな、本当に健康にいい物しか使ってない物にじゃぶじゃぶお金を使えるようであれば、いいかなとは思いますけど、今の標準的な日本人の考え方で使ってるような、食べる物を、食べていくと、寿命を縮めるなっていう気がします。だからそれなりに対価を払って、健康管理できるような外食であれば、いいですけど、標準の日本人が外で食べたり、安くあげるために食べたり、ファストフードとかファミリー・レストランとか、今の普通の標準の、想像がつくような物であれば、食べない方がいい。

Mさんは外食はほとんどせず、パートナーとの外食は月一回程度である。自炊を行う理由の一つとして、外食は健康に悪いことを挙げている。

Q：えっと、食事をすべて外食にすることについてどう思いますか？

M：なんか不健康な感じがして嫌なんですよね。絶対、家だから健康的とは言い切れないけども、やっぱりカロリーが高い、塩分が高い、油を多く使うとか、そういう美味しく感じるっていうのは味が濃いから美味しく感じるわけじゃないですか。もし、もちろんね、自然食品の店みたいなところで毎回外食してればそれは健康的なのかもしれないけど、普通の町中の飲食店で外食するんだったら、油物だったり、味が濃いものだったり。

Q：じゃあ、自然食品だったら、全部外食……。

M：それもいいかなと思いますね。そういう経済的余裕があればね。当然、そういうとこ行って、ご飯食べたら、千何百円するわけじゃないですか、安いの食べても。そうすると一食だけで月に4万とかかかっちゃうわけでしょ？　それはナンセンス。今の生活だとナンセンスだから、考えてないけど、できる状況だったらそれはありかなと。外食だけでやっていくと長生きしないようなイメージが……。高いお金払って長生きしないって嫌だなって。それだったらスーパーで半額の菜っ葉とか煮浸しとかして、なんか野菜とか多く食べたほうが絶対いいんじゃないかなと思うけど。

Iさんは、経済的な負担が大きくなくても、自炊を行うという。その理由として健康面、自炊への好み、外食は飽きることが挙げられている。

Q：ちなみに外食なんですけど、外食がそんなに経済的に負担にならないとすれば、全部外食でもいいと思いますか？

I：ああ、それはたぶんしないと思う。

Q：それはどうしてですか？

I：まず、健康面を考えちゃうから、まあ、自分がご飯作るの好きだっていうのはありますよね。たぶんそのうち飽きてきちゃうんじゃないかなって。

Q：外食は飽きるのに、自分の家で作ったご飯が飽きないのはなんでですか？

I：ある程度、味、調節できるじゃないですか。たとえば、ファストフードだったら、基本的にどの店舗も、まあ、若干、個々に個性はありますけど、ああファストフードの味だなっていう味になりません？　ファミレスにしたって、ファミレスの味じゃないですか？　だから……。

外食を頻繁にせず、自炊を行うケースを挙げたが、自炊による食事に価値を見出す意識が見られるなど、家事の外部化の進行と、食事に関する価値観に関連があることがわかった。

2・3　掃除サービスの利用　他人を自宅に入れる抵抗感

料理以外の家事に関しては、掃除を外部のサービスに頼ることへの抵抗感が語られている。たとえば、Iさんは他人を自宅に呼んで、散らかった部屋を掃除してもらうことに対する抵抗感や、他人が自宅に入ることによるトラブルの可能性などを語る。

Q：家事を外部のサービスから購入することに関して抵抗感はありますか。

I：自分はあります。

Q：ある？

I：うん。

Q：どういう風にありますか。

I：まず、何だろう、家族以外の人を家にあげて、掃除をしてもらうとか嫌だ。何だろうたとえば、すごい汚い場所とか、自分が出した、そういう、汚い物を他人にさせるっていうのにまず抵抗感があるし、そもそも他人を長時間そういうことで家にあげる、友達とかならまた話は別ですけど、全く知らない人を家にあげてあちこち触らせるっていうのもまず嫌だし、たとえば、何か物を壊した、なくなったとか、そういう風なトラブルも確実に100％発生しないとは言えないじゃないですか。なんか、お金もかかるし。利点っていうのがあんまり見出せない。

Iさんは、掃除サービス利用への抵抗感を語り、家事に関する価値観が関わることがわかる。こうした抵抗感が生じると家事の外部化が進行しにくい。

Cさんは、他人を自宅に入れることに抵抗感があるため、掃除サービスを利用しないという。

Q：家事を外部のサービスに頼ることについてどう思いますか。

C：どう思いますか？

Q：うん。

C：まあ、お金があったらやってもいいんじゃないですか。

Q：抵抗感とかある？

C：抵抗感あるよ。抵抗感あるから使わないと思うけど。

Q：どういう抵抗感があるの？

C：〔掃除の時に〕他人を家に入れる抵抗感。

Mさんは掃除サービスを利用しない。高齢期に掃除サービスを利用することに理解を示す一方、それ以外には抵抗感を示す。

Q：家事を外部のサービスに頼ることについて、どう思いますか？

M：まあ、さっき言った通りですね。結局は二人で相当稼いでて、家のことやる時間がないんだったら、それは本末転倒とまでは言わないけど、どっちかが仕事をセーブするとかして、そういう費用を節約すればいいんじゃないかなと思うし、二人がボロボロになって働いて、外部サービスを利用するのも致し方ないってこともあるだろうし、それはそのカップルの生活のスタイルによって、違うんじゃないかなって思いますね。一概には言えない。

Q：Mさんとしてはどうしたいですか？

M：あんまり利用したくないです。

Q：抵抗感とかありますか？

M：あります。

Q：どういった抵抗感ですか？

M：何だろう。結局ケアを受けてるような。自分の体が動かなくなって、ベッドで寝たきりになって、介護ケアを受けてるようなのと共通するような。本当は自分のするべきことを外部の人にやってもらうっていうのは自然な形じゃないような気がする。自分の尻も拭けないようなね、そういう風な状況になっていってるわけだから、生活面が。で、わりと昔気質で親も年とってるから、恥ずかしことのようなイメージがある。自分のこともそういうこともできないっていう。人の世話になってそういうことをやってもらうって、お金出してるからって。それにしてもね。ビジネスとして成功して何の抵抗感もなく利用する人もいるんだろうけど、わりと昔気質なとこもあって、それは恥ずかしいですね。自分の家の掃除とか、そのねえ、そういうことは自分で出来て当然かなと。できないからお金出して、ケア受けてみたいな、そういう感覚的に理解できないというか。体が不自由じゃないんだから。身動き取れないような老人になってってね、掃除の人が来てくれるとか、ヘルパーさん来てくれるとか、そういうのだったらいいですよ。

他方、掃除サービス利用への抵抗感があまりないケースも存在する。Eさんはクーラーや換気扇、風呂の掃除は、定期的に外部のサービスを利用しているが、家事サービスを購入する抵抗感はないと答えている。Eさんは他人が自宅に入ることへの抵抗感がなく、掃除サービスを積極的に利用している。

Q：じゃあ、ですね、その掃除のサービスを利用したことはありますか？

E：はい。

Q：それはダスキンとかですか？
E：はい。
Q：これは、えっと、どれくらいの頻度で？
E：えっと、クーラーが半年に一回。換気扇が三ヵ月に一回。お風呂が三ヵ月に一回。換気扇と同じ時に来てたので。やっぱ落ちが違います。
Q：そんな感じですかね？
E：はい。
Q：で、あと、家政婦やお手伝いさんを雇ったことはないですよね？　ありますか？
E：家政婦、お手伝いさんっていうのはないですよね。
Q：なんか、何でも屋とか便利屋とかを利用したことはありますか？
E：ないですね。
Q：こういう風に家事を、外で、外のサービスを利用して行うことに対して抵抗感はありますか？
E：ないです。

3　家事の外部化条件——異性愛家族との共通性と影響

ゲイカップルの家事の外部化は、第一に、カップル双方の労働時間が長く、収入が比較的高いケースで進行していた。第二に、家事に関する価値観が家事の外部化に影響を与えていた。すなわち、他人が自宅に入ることに抵抗感があったり、自炊による食事に価値が見出されると、家事は外部化されにくい。

家事の外部化が進行する／しない条件は、異性愛家族と共通するのか。青木幸弘によれば、異性愛家族において家事が家計内生産を通じて行われるのか、製品やサービスの市場購入を通じて外部化されるのかを規定する要因は、時間のコスト、所得、価値意識などである（青木 2010: 124-130）。これらは、ゲイカップルにおける家事の外部化条件である労働時間、収入、家事に関する価値観と重なる。ゲイカップルにおける家事の外部化条件は、異性愛家族のそれと共通するといえよう(1)。

本章ではゲイカップルの家事の外部化は、異性愛家族と共通のメカニズムや社会構造の影響下にあることを見てきた。欧米の研究は、同性愛者の消費者行動の独自性を明らかにしてきたが、異性愛者との共通性を捨象していたのではないか。同性愛者の消費者行動の特徴を、異性愛者のそれとの共通性に接続することで、同性愛者の生活者としての行動と意識により深く分け入ることができよう。

注

(1) 青木の説は、市場でのサービス購入という形で家事を外部化することができるため、家事の家計内生産か市場購入かという消費様式の選択は、当該家計にとっての時間コストに依存するという、ベッカーによる時間配分の理論（Becker 1965）をベースにしたものである。こうしたベッカーの理論に基づき、青木は消費様式の選択プロセスへの最も基本的な規定要因として、①時間コストを挙げている。そして、それに関連づけて、消費様式の選択プロセスに影響を与える要因として、②所得、③家計規模（世帯人数）、④消費技術（設備ストック）、⑤価値意識（ライフスタイル）、⑥市場の諸要因を考察した（青木 2010: 124-130）。これらがゲイカップルにおける家事の外部化の規定要因と完全に一致するかどうかの検証は、本書のインタビューデータだけでは困難である。したがって、本章ではゲイカップルにおける家事の外部化の条件として労働時間、収入、家事に関する価値観に焦点を当て、これらの要因が、異性愛家族における家事の外部化要因と共通するか否かを検証した。

第6章　家事分担と仕事役割——資源・時間・イデオロギー・家族責任

1　同性カップル／異性愛家族の家事分担

1・1　ゲイカップルの家事分担への関心

前章では、ゲイカップルが家事を外部化する条件を見てきたが、ゲイカップルが分担する家事内容はどのように決まるのか、分担は平等か不平等か、家事負担は変化するのか。異性愛家族を対象とする従来の家事分担理論のアプローチは有用であるか。また、近代家族の「家族責任の遂行＝愛情表現」のメカニズムはゲイカップルにも働くのか。本章では、ゲイカップルの家事分担の実態と規定要因を問う。

具体的には、パートナー間の家事の偏り、家事・仕事と愛情表現の関連の有無、家事分担と生活費負担のバランスをゲイカップルの語りから読み解く。ジェンダーやセクシュアリティ規範にも焦点を当て、異性愛家族とは異なるゲイカップルの家計の独立と家事分担、仕事役割と平等なパートナーシップについて検討したい。

1・2　同性カップルの家事分担

欧米では同性カップルの家事分担に関する研究が蓄積されてきた。家事分担の実態と規定要因に分けて見ていこう。

家事分担の実態に関する研究によると、同性カップルは異性愛家族よりも家事を平等に分担する（Dunne 1997; Kurdek, 1993; Peplau and Spalding 2000; Solomon et al. 2005）。さらに、同性カップルの中でも家事分担のパターンに違いがあるという。カーデックによれば、料理や洗濯など個々の家事項目ごとに同性カップルの家事分担を検討した結果、レズビアンカップルは同じ家事項目を一緒か、交代で行う平等パターンであるのに対して、ゲイカップルは同じ家事項目を行わず、同じ数の家事項目を別々に分担する均衡パターンであるという（第2章3節、Kurdek 1993: 130, 134-136）。

家事分担の規定要因に関しては、さまざまな研究例がある。一九八〇年代米国の研究によると、ゲイカップルの家事分担は、関係性の段階によって異なる。マクワーターとマティソンによると、ゲイカップルは同居の最初の一年はすべての家事を一緒に行うが、その後はルーティン化し、カップル双方の能力と仕事のスケジュールで家事が割り当てられる（McWhirter and Mattison 1984: 231-232）。カップル研究の古典となった、ブルームスティーンとシュワルツの『アメリカンカップルズ』によると、異性愛家族との共通点として、同性カップルはフルタイムで働いていないパートナーの方がより多くの家事を分担する（Blumstein and Schwartz 1983 = 1985a: 180-186）。

家事分担の規定要因として性的指向自体を挙げる論者もいる。ソロモンらは、シビル・ユニオン(2)を利用している同性カップル、利用していない同性カップル、婚姻関係にある異性愛カップルについての統計的データを分析し、パートナー間の収入格差よりも性的指向の方が家事分担の規定要因として強く働くという。すなわち、パートナー間で近い収入を得ることよりも、同性パートナー関係である方が、家事分担を平等化する(Solomon et al. 2005)。

このように、家事分担の実態に着目すると、レズビアン/ゲイカップルが異性愛家族よりも平等に家事を分担することや、家事分担のパターンがレズビアンとゲイのカップルで異なることがわかる。家事分担の規定要因に着目すると、関係性の段階、フルタイム就業、性的指向などさまざまな要因が挙げられるが、ゲイカップルの家事分担は異性愛家族と同じ論理によって決まるのかは不明である。つまり、家事分担の実態はゲイカップルと異性愛家族で異なるが、そうした違いを生む要因はゲイカップルと異性愛家族で共通するのか、異なるのかが十分に解明されていない。

そこで、先述のように異性愛家族を対象とした家事分担理論がゲイカップルの家事分担にも有用であるか、ゲイカップルの家事分担の平等/不平等はどのような論理によるのかを明らかにしたい。

1・3　異性愛家族の家事分担の規定要因　3つのアプローチ

現在まで家事分担理論において参照されてきたシェルトンとダフネによると、米国の異性愛家族の家事分担を規定する要因は、①相対的資源、②時間利用可能性、③イデオロギーである(Shelton and Daphne 1996)。

相対的資源論は、収入・職業・学歴などの資源を多く保有する方が、パートナー間の交渉において有利な立場に立つというアプローチである。ブラッドとウルフの勢力研究によれば、夫婦関係における勢力はそれぞれが保有する資源の影響を受ける（Blood and Wolf 1960）。したがって、資源の少ないパートナーの方がより多くの家事を分担することになる。

時間利用可能性論は、パートナー間の家事分担は、家事に利用可能な時間の違いによって決まるというアプローチである。したがって、生産労働時間の短いパートナーは家事労働の時間が増大し、生産労働時間の長いパートナーは減少する。

イデオロギー論は、ジェンダー規範や性別役割分業イデオロギーの内面化によって、家事分担の偏りを説明するアプローチである。このイデオロギーを内面化すると、カップルの一方がより多くの家事を分担する。平等主義的なイデオロギーを内面化すると、パートナー間で家事が平等に分担される（Shelton and Daphne 1996 : 304-309）。

日本は他の先進国と比べて、夫の家事参加が少ない実態が明らかにされてきたが（Geist 2005 ; 品田 1999 ; 筒井 2015）、先の三つのアプローチは、日本のカップルの家事分担にもある程度有効である。夫の家事参加を規定する要因として、妻の学歴と職業上の地位、夫婦の収入格差、夫の帰宅時間、妻の性別役割分業規範（西岡 2004）や、夫／妻の労働時間、妻の収入割合、夫／妻の性別役割分業意識（松田 2004）が挙げられている。

他方、夫の家事参加に対して夫の労働・通勤時間（石井 2004）やイデオロギー（永井 1999）の影響はなく、親の援助ネットワークによって夫の家事参加が低下する（石井 2004）、子どもの存在によって必要な家事量が増大し、夫の家事労働時間が増加する（永井 1999）という。

このように、親の家事援助が得られると、労働・通勤時間が短くても夫の家事参加は増大せず、性別役割分業意識があっても子どもがいると夫の家事参加が促進される。こうした結果に現代日本の典型的な夫婦の家事分担が表れているが、妻に家事が偏る不平等のしくみは説明されていない。

2　ゲイカップルはどのように家事を分担しているか

2・1　家事項目と家事分担のタイプ

本章では家事のなかで主要と思われる料理、洗濯、掃除、食器洗い、ごみ処理、食料品・日用品の買い出しの6つの家事項目を対象とした。そして、それぞれの家事項目について、パートナーとの分担割合を質問した。すべての家事項目の分担割合を総合し、6対4から4対6までを平等分担型、それ以外を不平等分担型に分類した(1)。この分類に従うと、平等分担型が4ケース(Cさん、Eさん、Fさん、Jさん)、不平等分担型が6ケース(Aさん・Bさん、Dさん、Iさん、Kさん、Lさん、Mさん)となった。

2・2　ゲイカップルの家事分担の規定要因

(a)　相対的資源論

ゲイカップルの家事の不平等分担型の要因として、経済(収入)格差を挙げたケースを取り上げる。Mさんは定年退職した両親に仕送りをしていることや、Mさんの方がパートナーよりも収入が低いことから、二人の生活費は主にパートナーが負担し、家事のほとんどをMさんが行っている。こうした家事分担の偏りの原因として、Mさんはパートナーとの経済格差を挙げている。また、生活費の多くをパートナーに負担してもらっているため、パートナーに配慮した生活をしていると語る。

自分自身は費用的な部分でね、負担かけてるから、せめてもと思って家の家事を率先してやるとか、ご飯作るとか、ゴミ出しするとか、掃除するとか、その辺は自分で全部やろうと思いますよ。（Mさん）

男女の関係に置き換えると私は主婦ですよね。旦那さんの稼ぎで生活して、私のパート代、それこそ金額的にはパート代ですよね。パート代で子育てとか生活費にちょこっと充ててる、そういうスタンスを感じますね。だから逆に自分の方から強く言えなかったりできないんですよね。顔色うかがいながら何かするとか。金銭が発生するようなこともちょっと遠慮しながら、欲しいものも何年も買ってないし、旅行も大好きだったけど、旅行も行ってないし。（Mさん）

パートナーとの経済格差がMさんの家事の偏りの要因であるが、それが家事の不平等分担型の明確な原因であると判断できるのはMさんのみであり、他のケースでは異なる要因が確認された。したがって、相対的資源論だけでは、ゲイカップルの家事分担を説明することはできない。

(b) 時間利用可能性論

最新の調査時において、家事の不平等分担型の要因として時間利用可能性を語ったケースは存在しなかった。唯一、初回の調査時に聞かれたのがIさんの語りであった。当時、Iさんは働いていたが、家事分担はIさん本人に偏っている。これは、Iさんの方がパートナーより時間の融通がきくためであるという。

Q：これ〔＝家事分担〕はどういう風にして決まったんですか。

I：自然ですね。ただ、生活のスタイル自体が今で言えば自分の方が帰るのが早いので、ご飯買い出しに行ったり、作ったりっていう流れができてくるじゃないですか。向こうが帰ってくるのが遅いので。前の〔職場に勤務していた〕時は、自分はシフト制で時間も不定期だったんで、たとえば、遅番だったら帰ってくるのが終電だったりすることもあったので、夕飯は向こうが軽く作ってくれたりしてましたけど。まあ、今は基本的に休みも一緒で、平日は両方とも仕事入れてるので、今はそういう風な家事分担になっていますね。自分がまあ、基本的にはゆるいじゃないですけど、ある程度時間に融通がきくので……。

Iさんの家事分担の偏りには、労働時間が関連することがわかる。しかし、その他のケースでは労働時間以外の要因が語られている。したがって、時間利用可能性はゲイカップルの家事分担の主な要因と想定することはできない。

(c) イデオロギー論

家事の不平等分担型の要因として、男性性もしくは女性性のイデオロギーの影響が見られるケースを挙げよう。

Aさんは将来「専業主婦」になることを理想としており、パートナーとして付き合う人も年上で経済力のある人を希望している。さらに、以前付き合っていたパートナーとその母親との三人の同居生活において、母親ではなくAさんが料理を作るようになったが、Aさんはこうした家事の偏りは自分が「妻として入った」ために生じたと語る。

Q：その〔家事の〕分担はどういう風にして決まったの？
A：自然に。住まわせてもらってるのとか、ここまでは僕がやりますみたいな。
Q：自然に決まったっていう感じか。
A：そうそう。
Q：だけど、それが料理に関して、お母さんがAさんが帰ってくるまでやらなくなったんだよね。何でそういう風になったの？　やってくれるからとかそういう感じ？
A：まあ、妻として入ったからじゃない？
Q：妻として入った？
A：うん。
Q：お母さんもAさんに「女性的な」役割を期待したの？
A：そうだね、たぶん。期待したっていうか。

Aさんは「妻＝家事遂行者」という役割を男性である自分自身に重ねて家事の偏りを説明しているが、こうしたゲイ男性独特の語りから、ゲイカップルは異性愛家族とはイデオロギーの影響の受け方が異なることがわかる。イデオロギー論は異性愛者を前提として、ジェンダー規範の内面化による家事の偏りを説明するが、ゲイカップルは異性愛家族とは異なる影響を受ける。この点は本章の最後に考察を行う。

(d) その他の要因　家事方法へのこだわり

相対的資源、時間利用可能性、イデオロギー以外にはどのような要因が働くのか。家事の不平等分担型のDさんは、パートナーに家事が偏るのは、パートナーの家事へのこだわりが強いためであるという。Dさんのパートナーは、三つの洗剤を使い分けるなど、こまめなトイレ・風呂掃除をしており、カビが生えることはない。Dさんはパートナーが家事に力を入れる理由として、生育環境の影響により家事が趣味であることを挙げている。

(e) その他の要因　家事量

キャリントンは家事分担が平等のカップルのタイプとして、縮減された家族（the downsized family）を挙げる。縮減された家族は多くの場合、男性カップルであり、家事量が比較的少ない（Carrington 1999: 186-187）。Cさんとパートナーは縮減された家族に該当し、平等分担型である。食器洗いとごみ処理以外は特に分担を決めず、気づいた方が家事を行う。来客がない限り掃除はしない。部屋が散らかっても二人とも気にしない。パートナー間の家事量が同程度に少なく、家事が偏らない。

Q：ほこりとかたまってても気にしないの？

C：どっちかっていうと気にしない。あ、まあ、最近はそうでもないかな。まあ、自分の部屋は自分で掃除するぐらいかな。リビングとかは結構汚いね。脱いだら脱ぎっぱなし、ご飯食べたら食べっぱなしみたいな状況だね。

Q：それ二人ともあんまり気にしてないんだ。

C：どっちもあんまり気にしてないね。

(f) その他の要因　家事能力

家事能力が家事分担に関連することもある。平等分担型のFさんは「パートナーと家事分担は明確に取り決めをしましたか、それともしませんでしたか」という問いに対して次のように語っている。

たぶんしなかったと思う。お互いどっちかが料理ができない場合は別だけど、お互い料理とかもちゃんとできたし、当然、炊事洗濯とかも全部できるから、まあ、「できる方がやればいいんじゃない？」みたいな形だったと思うし、最初一緒に住んだのが、向こうの1Kの部屋に転がり込んだのね。そこがスタートだったから、自然とその家にいる方が何かやるみたいな土台作りはできてたし、それで、今の2DKの部屋に越してきたから。（Fさん）

Fさんとパートナーは個々の家事項目について役割を決めず、気づいた方や時間がある方、やりたい方が家事を行い、料理は帰宅が早い方が作る。調査前はFさん、調査時はパートナーの帰宅が早かったという。パートナー間に同等の家事能力があることや、パートナーとのそれまでの生活経験から、仕事の勤務状況の変化に応じて柔軟に家事が分担され、平等な家事分担に結びつくと思われる。

3 ゲイカップルの家族責任と愛情表現——家事・仕事・生活費負担の関連

3・1 家族責任の遂行＝愛情表現のメカニズム

家事分担の理論的な考察を行ってきた山田昌弘によれば、近代家族(3)を支えるイデオロギー装置として、仕事、育児、家事などの家族責任を果たすことが愛情表現であるというイデオロギーと、女性は本来情緒的な存在であるという神話を解き明かしている。母親による子育てや家事などの家族責任の遂行は愛情表現であり、家族責任の放棄は愛情の欠落とみなされるため、育児や家事負担への母親の不満は抑制される。たとえば、手作りの食事をインスタント食品に変えると「手抜き、愛情不足」と非難されかねないため、母親は家事の外部化・省力化への抵抗感を示す。そのため家事負担は増大することはあっても、減少には向かいにくい（山田 1994: 65-72, 153-159）。こうしたメカニズムが働く近代家族において、妻／女性への家事の偏りは容易には解消されない。日本の異性愛家族における家事分担の不平等は、このように説明される。

家族責任の遂行が愛情表現とみなされるメカニズムは、ゲイカップルにも働くのか。つまり、カップルの一方の家事・仕事・生活費負担が愛情表現とみなされるのか。またそうしたメカニズムの有無がパートナー間の家事分担に影響を与えるのか。家事に対する不満がパートナーに受け入れられたか、家事の外部化によって家事負担を軽減することが可能か、家事あるいは仕事と生活費負担がカップルの一方のみに偏るのか、見ていこう。

3・2　家事と愛情表現の関連

家事に対する不満が生じると、パートナーはそれを受け入れられるか。Cさんとパートナーは平等分担型である。Cさんの自営業にパートナーが従事することを機に、二人は同居を開始した(4)。当初、Cさんが主に仕事に従事し、パートナーが主に家事を行っていたが、Cさんはパートナーにも段階的に仕事を任せるようになった。二人の仕事量が同等になると、パートナーは仕事も家事もこなさなければならず、パートナーの不満が噴出したため、それ以降、Cさんも家事に関わるようになった。

俺の仕事をちょっとずつ振っていって、依頼していったんだけど、その仕事の比率が1対1くらいまできたんだよね。以前、相手の仕事が少なかった時には、家事をする時間が結構あったけど、どっちも同じくらいの仕事をしてるのに、さらにこっち〔＝パートナー〕だけ家事ってなったら、ちょっと不満が爆発してきて、システム崩壊したので。（Cさん）

異性愛家族では、共働きでも妻が主に家事を行うが、Cさんは仕事量が同等になると、仕事と家事の二重負担に対するパートナーの不満を受け入れ、家事を平等に分担するようになったという。

家事の外部化が積極的に行われることもある。先述のように近代家族においては家事遂行が愛情表現とされるため、家事の外部化への抵抗感が示されるが、キャリントンによれば家事サービスを積極的に利用する同性カップルが存在する（Carrington 1999: 184-185）(5)。

第5章で述べたJさんとEさんは、平等分担型である。家事の外部化への抵抗感がなく、家事量を切り下げて家事負担を軽減させた。Jさんは平日、料理を作る時間がなく、すべての食事を外食で済ませ、Eさんは靴下とタオル以外の洗濯物をすべてクリーニングに出していた。JさんとEさんはカップルのどちらか一方に大きな家事負担が生じることはない。

3・3　仕事と愛情表現の関連

ゲイカップルの仕事に注目すると、カップルの一方が正社員で経済的に安定しており、他方が非正社員、あるいは一時的な離職により経済的に不安定、もしくは正社員であっても収入の低いケースが目立つ。しかし、仕事に関する規範に着目すると、カップル双方が仕事に就くことが求められていた。

平等分担型のFさんは、派遣社員のパートナーと暮らしていたが、働かなければ付き合いで飲み会に行くなどの仕事上の都合をパートナーに理解してもらえず、カップル双方が正社員として働くことが理想的であるという。

不平等分担型のDさんは、以前パートナーが経済的に不安定で自分が二人分の生活費を負担しなければならなかったことから、カップル双方に収入がある方が望ましいと考えていた。

Q：　パートナーとして付き合う相手はお金がある方がいいですか。

D：まあ、不釣合いにならない程度に、少しあった方がいいとは思いますけど。
Q：パートナーとして付き合う相手の収入は気になりますか。
D：ああ、はい。収入と職業は、はい、気になりますね。収入が不安定な場合、いろいろ考えてしまうところがある。
Q：どういうことを考えますか、いろいろ考えるというのは、収入について。
D：あの、こう、なんか、どこか、何月にどこか行こうとしても、だいたい何月頃どこ行くとか、こう遊びとか考えても収入がないと行けないとか言うと、まあ、出してあげなきゃいけない、貯金をおろして出してあげなきゃいけなくなったりとか、いろいろあるじゃないですか。だからね、その、一回や二回ぐらいなら別にいいんですけれど、何回もあるようだと、それは、大変だなと思う。
Q：実際にこういうことは今のパートナーとの関係でありましたか。
D：ん？　ああ、一緒に住むようになってからは、〔パートナーは〕今の会社だけど、〔パートナーの借金の〕任意整理をしてたりするし、まあ任意整理は結局はそんなに、こちらなんか出費とかはなかったけど、まあ、そうですね、ちょっと出してあげたりした。
Q：これは結構大変でしたか、自分で旅行代を出すっていうのは。
D：あの、今考えると別にそうでもないんですけど、時間が経って考えると、まあ、あの、結果はオーライなことはあるんですけど、その時はいつまでこういう不安定な生活が続くのか、この後、付き合っていけるのかというような、その時は不安になりますよね。

Cさんは、パートナーが人間関係上の理由で会社を離職した経験を語った。パートナーは離職後しばらくの間、働こうとしなかったため、Cさんはパートナーに新しい仕事を探すよう求めたという。

Eさんは、留学生のパートナーと同居していたが、パートナーの経済状況を考慮しつつ、仕事に就くことと生活費の負担を求め、パートナーの年収に応じて生活費を支払ってもらうと語った。

さらに、仕事の遂行をめぐって、非婚や男性性と関連づけた語りも聞かれた。たとえば、Aさんは、ゲイカップルはカップル双方が生活費を稼ぐ方がよいと考えているが、その理由として、パートナーと婚姻関係にないために生じる離別の可能性や、男性は仕事に従事しなければならないことを挙げている。

Q：ゲイカップルの場合、生活費はカップルの両方が稼ぐ方がいいと思いますか。

A：うん。

Q：それはどうして？

A：なんで？　やっぱさ〔自分とパートナーの関係は〕結婚とかじゃないからさ、いつ別れるかわかんなくない？　だし、やっぱ、男は仕事してないとって感じがするね。

ゲイカップルでは、仕事や家事と愛情表現の関連は見られない。仕事役割がカップルの一方にあるのではなく、カップル双方が仕事に就く必要性が語られていた。パートナーが学生であっても経済的な自立が求められていた。

3・4　生活費負担と愛情表現の関連

第4章でも明らかにしたように、ゲイカップルの多くは各自の収入を個別に管理しており、家計が独立していた。以下のケースを通して、生活費負担と愛情表現の関連を読み解いていこう。

Lさんはパートナーの持ち家で同居しているが、同居を始める時にパートナーから毎月の生活費（「家賃」と呼ばれる）を支払う必要はないと言われた。しかし居候のような状態は気が済まず、相手を自分のパートナーと思えないという。またパートナーはLさんが仕事に就いていることをLさんの魅力の一つとして挙げている。つまり、収入の高い方が生活費を負担するのが当然という規範は共有されず、収入は低くても仕事に就くことが、パートナーから肯定的に評価されている。

Iさんは海外留学のために仕事を辞め、帰国後、就職活動を始めたが、仕事が見つかるまで同居するパートナーに生活費を負担してもらっていた。住宅を所有するパートナーに毎月の生活費を支払うことができないことに引け目を感じていた。Iさんはカップル双方が生活費を負担することが望ましいと語る。

Q：今の生活費負担のあり方については、どう思いますか。

I：まあ、正直申し訳ないです、自分の立場から言わせてもらうと。向こうもそこまでお金が有り余っているわけではないし、まず、車のローンもあって、住宅のローンもあって、かつ自分のその、生活費的なとこも面倒見てもらってっていう状態だから、ちょっと申し訳ないです。

Q：〔留学する〕以前の生活費負担のあり方についてはどう思いますか。

I：以前に関しては、やっぱり向こうの方が年齢も上で、収入も自分よりあってってっていうのがあったけれども、やっぱりなんだろう、自分の中では比較的そういうことに関しては対等でありたいという気持ちがあるので、〔パートナーに生活費を多く負担してもらうことについて〕若干引け目は感じてはいました。

Q：どうして対等でありたいと思いますか。

I：んー〔対等〕の方が楽。立場的な立ち回りで。なんだろう、やっぱり、どうしても二人の生活での力関係が収入の差で出てきてしまうっていうのがあるじゃないですか。そういうのが、やっぱりその辺は、ちゃんと計算して折半の方がいいんじゃないかとは思うんですけどね。

賃貸住宅で同居するカップルも、双方に生活費の負担が求められていた。先述のMさんは収入が少ないため、パートナーが生活費の多くを負担している。経済的負担が大きいパートナーから離別の話を持ちかけられたが、稼げるようになるまで待ってほしいと引き止めたという。

Q：今の生活費負担のあり方についてはどう思いますか。

M：不自然です。早く改善したいですね。向こうは全然自由が利かないから、かわいそうで。

Q：パートナーの方はこの生活費負担について何か言ってくることはありますか。

M：不満です。

Q：具体的にはどういうことを言ったりしますか。

M：具体的には、自分の分は自分で払えるようになってねって言ってきます。

Q：これはこういう風に言われた時に、何ていう風に返しましたか。
M：まあ、そうしますしか言えないですね。
Q：このことで喧嘩することはありましたか。
M：ありましたよ。前回も三週間くらい前にね、別れるだ、別れないだ、お互いにフラストレーション溜まって、こっちはこっちで仕事したいけど、なかなか仕事が来ないとか、見つからないとかそういう状況もあるし、年齢的なものとか、さまざまな要因があって、いろいろアプローチかけても仕事が来ないとかね。だからお金っていうのは一番ギクシャクする部分でもありますよね。デリケートな問題だなっていう。

Q：別れるっていう話が出たんですか。
M：出ましたよ。
Q：それは、どちらから……。
M：向こうから。
Q：それに対して、Mさんはどういう風に相手に伝えましたか。
M：極力早く生活が安定するように、頑張っていくから、もうちょっと長い目で見てちょうだいみたいな。

Q：それに対してパートナーの方は、どういう反応を……。
M：じゃあそうするよって。

Kさんは自分よりも収入の高いパートナーが生活費を多く負担することに疑問を感じ、自分も負担しようとした経験を語る。ここでも、カップル双方に生活費負担が求められていた。

Q：えっと、その外食に関しては、えっと、パートナーの方がほぼ100%負担されてるってことなんですけど、これはどういう経緯でこういう負担のしかたになったんですか。

K：えっと、なんか、付き合いだしてすぐに一緒に住んだんですけど、で、えっと何でもかんでも出してくれる人だったんですよ。で、さすがにそれもどうかなと思っているので、ある程度出してもらうものを、自分で勝手に変えていっただけですね。相手は本当に出す、何でも出すつもりの人なので。なんか〔自分は〕「出すよ」って言ってるんだけど、「いい」って言われちゃうから、そんな感じです。

3・5　家事分担と生活費負担の特徴

これまでの結果から、カップルの一方が仕事に従事して生活費を負担し、もう一方が家事に従事することを愛情表現とみなす規範を、ゲイカップルに確認することはできない。

相対的資源論、時間利用可能性論、イデオロギー論は、ゲイカップルの家事分担に一定の説明力を持つが、近代家族とは異なり、ゲイカップルには仕事、家事、生活費負担の「家族責任の遂行＝愛情表現」のメカニズムは働いていていなかった。

ゲイカップル10組の家事分担は、平等分担型と不平等分担型が4対6であったが、家事と仕事の二重負担に対するパートナーの不満から家事分担を変更したケースや、家事の外部化によって家事負担を軽減したケースが見られた。パートナー間の家事分担が平等化されやすく、生活費と家事負担のバランスが調整されて、カップルの一方に家事が偏らない特徴が示されている。

4　家事分担の平等と重層的な役割構成

4・1　家計の独立とカップル双方への仕事役割の期待

ゲイカップルの家事分担は異性愛家族と同じ論理では説明できず、家計の共同のもとで双方が異なる役割を担う異性愛カップルを想定している点で、従来の家事分担理論の枠組みは当てはまらない。たとえば、相対的資源論はパートナー間の収入の高い方が有利に立つと想定するが、これは収入の高い方が低い方の生活費を負担することを前提としている。近代家族の「家族責任の遂行＝愛情表現」のメカニズムも同様に、稼ぎ手の夫の収入が生活を支えることを前提とするが、各自の収入を個別に管理するゲイカップルでは、収入格差にかかわりなく双方に生活費負担が求められる。それとともに、ゲイカップルでは、双方が正規社員として働くことが理想的であること、収入は低くても仕事に就くことが肯定的に評価されるなど、カップル双方に仕事役割が期待されることがわかった。

4・2　ジェンダー規範・セクシュアリティ規範

ジェンダー規範とは、性別役割分業やジェンダーに関するイデオロギーの影響のもとで、男女双方に異なる役割やふるまいを要請する規範を指す。ゲイカップルは男性性のジェンダー規範のもとで、双方に稼ぎ手役割が要請されることになる。実際に「男は仕事していないと」という語りには、カップル双方が生活費を稼ぐべきという男性性の規範が示されていた。一方、家庭生活においては双方とも女性性が期待されないことから、家事分担が平等になりやすい。家事量がパートナー間で同程度に少ないケースや、同等の家事能力があるケースは、家事分担の平等をカップル双方の男性性から説明できるかもしれない。

一方、〈セクシュアリティ規範〉とは、同性愛／異性愛の性的アイデンティティによって異なる役割やふるまいを要請する規範を指す。〈セクシュアリティ規範〉の影響のもとで、異性愛者の男性とゲイ男性に要請される役割やふるまいは異なると考えられる。「妻として家庭に入った」というゲイ男性独特の語りのように、一人のゲイ男性の生活の中で、男性に課される仕事役割と女性に課される家庭役割の両方が内面化され、生活の各領域によって異なる役割が重層的に構成される。こうした仕事と家事の重層的な役割構成は、ゲイカップル独自の特徴である。

以上をまとめると、ゲイカップルの生活は、パートナー間の家計の独立とカップル双方への仕事役割の期待によって特徴づけられる。ゲイカップルには「家族責任の遂行＝愛情表現」のメカニズムは働かないため、高収入カップルの家事は外部化されやすく、家計の独立のもとで家事分担は平等になりやすい。こうした結果を取り入れたワークライフバランスの理論化が必要である。また、ジェンダー規範と〈セクシュアリティ規範〉が及ぼすこのような影響に照らして、異性愛を前提としてきたイデオロギー論を再構成する必要がある。

注

（1）6対4から4対6までを平等分担型とみなしたのは、便宜上、平等な家事分担のパターンに一定の幅を持たせた方が分析しやすいという判断からである。

（2）シビル・ユニオンとは、先に説明したパートナーシップ登録制度（結婚とは異なる枠組みによりカップルの権利を法的に保障する制度）の一種である。ソロモンらは、米国バーモント州のシビル・ユニオンを利用する同性カップルを対象としている。

（3）近代家族とは、近代化に伴って成立する歴史的に固有の家族を指し、その特徴として、①家内領域と公共領域の分離、②家族構成員相互の強い情緒的関係、③子ども中心主義、④男性は公共領域・女性は家内領域という性別分業、⑤家族の集団性の強化、⑥社交の衰退とプライバシーの成立、⑦非親族の排除、⑧核家族が挙げられる（落合 1989, 2004）。現在は、近代家族の実現可能性が低下する一方で、近代家族の内実や規範については保持されているという（山田 2014）。

（4）Cさんは、初回調査時のパートナーと離別し、再調査時は新しいパートナーと同居していた。初回調査時に家事分担に対するパートナーの不満の語りがあったため、それを取り上げる。

（5）キャリントンは、サービス経済への依存として、主に家庭内における家事労働者の雇用を論じている（Carrington 1999: 184-185）。本書の調査では家事労働者を頼んだケースは存在せず、家事の外部化の例として外食や掃除サービスの利用等を論じた。

第7章　生活領域と〈分かち合う親密性〉
――家事／余暇活動のシェア

1　親密性と生活領域の相互関係

ゲイカップルの親密性は近代家族や「純粋な関係性」と対比してどのように異なるのか、親密性と生活領域、具体的には家事・仕事の役割や責任とどのような相互関係があるのか。本章では、ゲイカップルの生活領域に焦点を当て、インタビューの語りから親密性の様相を明らかにする。そこでは、家事や余暇などの活動を共に過ごす時に、パートナー間で一体感が生じることが確認された。ゲイカップルの特徴として、この〈分かち合う親密性〉を提起したい。

1・1　近代家族・「純粋な関係性」の親密性

近代家族の特徴は、愛情と家事・仕事の結合である。山田によれば、男性は仕事、女性は家事・育児に従事することが家族責任であり、愛情表現とみなされるため、仕事や家事・育児に対する不満は愛情の名のもとに抑制される。こうして家族責任と感情を結合させるイデオロギー装置が、近代家族に安定性をもたらす（山田 1994：65-72）。

「純粋な関係性」の特徴は、愛情と家事・仕事の分離である。ギデンズによれば「純粋な関係性」は、政治や経済などの社会関係から相対的に自律したシステムである（Giddens 1992＝1995）。パートナー関係は、愛情それ自体を目的として形成され、平等であるため、同居するカップル双方が仕事に就き、家事を平等に分担すると理論的に想定される。しかし、家事・仕事はギデンズの主要な考察対象ではなく、「純粋な関係性」は、同居していないカップルや、性愛関係はあるがパートナーではない関係性にも及ぶ。

1・2　同性カップルの親密性

一方、同性カップルの親密性の特徴は、キャリントンによれば、家事活動のシェアがパートナー関係の安定性に結びついており、パートナーとの一体感を生むことである。同性カップルは家事を共に行う際に、パートナー間に一体感が生じる（Carrington 1999）。長期的に関係が継続する同性カップルは、自宅で食事をとる理由として、外食を好まず自分で作る料理の方がおいしい、外食より二人で一緒に食事をした方が楽しいなどと語る。同性カップルはこうした家事活動が関係性に安定をもたらす（Carrington 1999：103-104）。

同性カップルのパートナー関係の安定性は、友人や知人、パートナーとの関係を維持する活動、たとえば休日を一緒に過ごしたり、パーティーに必要な家事を行うことなども関わる。キャリントンによると、長期的に関係が継続する同性カップルでは、関係を維持するための家事活動が増大する。その理由は第一に、生

表7.1　関係性のタイプ別　生活領域と親密性の関係

関係性のタイプ	近代家族	純粋な関係性	同性カップルの〈分かち合う親密性〉
生活領域と親密性の関係	愛情と家事・仕事の結合	愛情と家事・仕事の分離	家事／余暇活動のシェアによる一体感

活が経済的に安定しているため、こうした家事活動により多く従事できる。第二に、長年同じコミュニティに関わるため、付き合いに必要な家事が増大する（Carrington 1999: 138）。

同性カップルが一緒に買い物を行う際にパートナーとの一体感が増すことも明らかにされている。たとえば、住宅や家具を共同で購入するカップルの多くが、関係性が安定すると強く感じている（Carrington 1999: 170）。この他にも、パートナーとの関係を築く上で、家事が重要な役割を果たすという。たとえば、若い男性カップルはコインランドリーで二人の服を一緒に洗濯する際に、カップルのアイデンティティを感じるという（Carrington 1999: 187）。

本章では、生活領域において同性パートナーとの間に一体感が生じることを〈分かち合う親密性〉と呼びたい。〈分かち合う親密性〉は近代家族とも「純粋な関係性」とも親密性の様相が異なる。関係性のタイプによる特徴は表7・1を参照されたい。

2　ゲイカップルの親密性が生じる生活領域

2・1　家事活動のシェアと親密性

(a)　料理・洗濯

ゲイカップルの生活領域の中から、家事活動と親密性がどのように関連しているのか、インタビューの語りを見ていく。

カップルが二人で家事をシェアする際に、それぞれ異なる家事方法を楽しむケースが見られた。Eさんは留学生のパートナーと調理方法が異なるが、それを楽しみながら料理をすると語る。Eさんとパートナーはどちらか一方に家事が偏ることはない。

Q：パートナーの方と家事をする時に家事をする方法の違いはありましたか？

E：いや、ないですね。

Q：たとえば、洗濯物たたむ時とか。

E：ああ、そういう。ああ、それはあったね。ただ、それが何かっていうのは覚えてないです。

Q：なんか、お互いに家事をやっていて……。

E：細かなこと言うと、たとえば、溶き卵を作る時、私は箸でかき混ぜるんですけど、彼はスプーンでしたね（笑）。

Q：他は何かありましたか？

E：いや、他ね。まあ、そうだな、味つけとかの話になっちゃいますけど、トマトをよく入れる国の人だったんで、何にでもトマトを入れようとしてるとことかね。向こうからすると、こっちは何にでも醤油入れようとする嫌な日本人かもしれないけど。まあ、これはお国が違いますからね。

Q：他に何かありますか？

E：他ねえ、ないね。ちょっとそれは覚えてない。

Q：家事方法が違うことで家事が偏るみたいなことありましたか？

E：ああ、それはなかったです。むしろ楽しんでました。

Fさんも料理や洗濯の方法がパートナーと異なるが、偏ったことはないと語る。

Q：パートナーの方と、家事をする方法が違うってことはありますか？

F：家事をする方法？　洗い方が違うとかそういうこと？

Q：とか、たとえば、こう洗濯物のたたみ方とか。

F：ああ。あるある。違う、違う。やり方が違うってことはある。

Q：洗濯物はちなみに自分の着るものは自分でたたむとかってしてますか？　それとも……。

F：一緒に。

Q：どっちかが二人のを一緒に。

F：そうそうそう。

Q：他に家事の方法が違うってことはありますか？

F：うん。あるある。たとえば、料理作る時でも俺は基本的に調味料は目分量なんだけど、向こうはいちいち、あの、こう、さじとかスプーン持ってやるとか。あと、当然、味つけの仕方とかも違うし。あとは、食べた食器とかをとりあえず台所っていうか、流しに置く時も向こうは無造作に置く。

Q：Fさんはどういう風にされるんですか？

F：わりと重ねてちゃんとっていうか、あんまりごっちゃにならないように。

Q：家事の仕方が違うことで揉めたことってありますか？

F：なんか、最初の頃はあったような気がする。

Q：どういう風に揉めたんですか？

F：揉めたっていうか、お互いの好きな洗剤が違ったりとか。柔軟剤とかね。あと、たたみ方。たたみ方はそんなでもなかったかな。あとは、最近、自分が料理作った時に、目分量でばーってやってたら、「ぐーたら野郎」とか。なんか、クックパッドとか見てたのかな、向こうが。で、なんとか大さじ2とか書いてあって、ばーってやってたら、なんか「ちゃんと量ってください」とか言われて、知らねーよって。うるさいな。大体でいいんだよこんなのみたいな（笑）。たいして変わりゃしねーよ。

Q：えっと、家事方法が違うことで、家事が偏ったことはありますか？

F：それはないかな。

(b) 二人で買い物

料理以外の家事活動を二人でシェアするカップルが存在する。たとえば、食料品や日用品の買い出しを二人で行うJさんを見ておこう。

Q：じゃあ、食料品とか日用品の買い出しはどういう風に行っていますか。
J：もうその時々で。
Q：どっちがされてますか。
J：支出をする方ですか。
Q：いや、家事として買い出しを行う方ですね。
J：〔それ〕は、二人で買い物に行きます。
Q：えっと、週末の時間のある時は料理を作られるんですよね。で、その時は自分で作るから自分で買いに行く。
J：そうですね。
Q：じゃあ、食料品は……。
J：食料品については基本私一人で買いに行くことが多いですね。二人で買う時もあったりとか、あと雑費とか洗剤とか、そういうものについては二人で薬局に行って、相談をしながら買う。
Q：二人で買いに行くのはどういう時に二人で買いに行きますか。
J：どういう時。

Q：　週末とかですか。

J：　週末とか、あと仕事帰り。比較的早く仕事が切り上げられて、合流できる時には二人で。

Mさんもパートナーと二人で買い物に行くと語り、「パートナーとデートすることはありますか」と問うと、次のように答えている。

　どこまでをデートっていうのか、映画見に行くとか、旅行に行くとかそういうのを含めて、デートって言うんだったら、そんなにはないですけどね。日常の延長線上、一緒に住んじゃうと、日常生活の延長線で、たとえば、二人でホームセンターに行って、トイレットペーパー買いに行くとか、そういうのを含めての外出ですよね。自転車でどっか二人でぶらっと回ってみるとか。あと、たとえば、仕事帰りに新宿で待ち合わせして、ぶらっとしてくとか。かしこまって、改まってのデートっていう感じじゃない。別々に住んでたら、そういう感じにもなるでしょうけどね。（Mさん）

　Iさんも休日にパートナーと買い物に行くという。パートナーとの食料品や日用品の買い出し時に周囲の視線を気にしないと語り、ヘテロノーマティビティを考慮しつつも周囲を過剰に意識せず、二人の生活が続いていることがわかる。

Q：　食料品や日用品の買い出しはさっき言ったようにIさんですか。

I：そうですね。

Q：一緒に行くこともありますか。

I：一緒に行くこともありますよ。休みの日とかは。

Q：休みの日とかにスーパーに行って周りの目とか気にすることはありますか。

I：気にしないですね。でも、やっぱり毎回毎回この二人で来るとなんか店員さんとか怪しむのかなとか思ったりはしますけど、だからと言って何かを装ったりっていうのはしないですね、全然。会話も普通の内容でしますし。まあ、そんなの気にしてたら、生きていけないですしね。

2・2 余暇活動のシェアと親密性

余暇と親密性の関連を見る前に、余暇とは何かを確認しておきたい。NHK放送文化研究所の「国民生活時間調査」によると、生活上の行動は生活時間によって、必需行動、拘束行動、自由行動の三つに分類される。

必需行動とは、「個体を維持向上させるために行う必要不可欠性の高い行動。睡眠、食事、身のまわりの用事」などを指す。拘束行動とは、「家庭や社会を維持向上させるために行う義務性・拘束性の高い行動。仕事関連、学業、家事」などを指す。自由行動とは、「人間性を維持向上させるために行う自由裁量性の高い行動。マスメディア接触、積極的活動であるレジャー活動、人と会うこと・話すことが中心の会話・交際」などを指す（NHK放送文化研究所 2015）。この分類に従うと、余暇は自由行動と重なる。そこで、インタビューの語りを考慮して、本書では余暇を「仕事や家事などの拘束性の高い行動から解放され、休息や趣味、レジャー活動を自由に行う活動」としたい。
ゲイカップルはどのような余暇活動を過ごしているかに注目すると、カップルで共に過ごすことで生じる幸福感や充実感が語られていた。Cさんは、パートナーと一緒に同じ家に帰ることができることに幸せを感じている。

Q：パートナーとの関係に満足していますか。
C：関係……。関係には満足しています。
Q：それはどうしてですか。
C：どうしてですか……。
Q：これは聞かない方がいいかな。
C：どうしてですか……。
Q：どんな時に満足を感じますか。
C：やっぱり一緒にいられる……映画とか、どっか遊びに行ったりとか、一緒に行って、一緒に同じ家に帰れるのが幸せ。

パートナーだけでなく、友人も含めて一緒に旅行に行くカップルも存在する。Mさんは、自分の友達やパートナーと一緒の経験を語る。

Q：旅行に行くことはありますか。

M：二人ではないですね。友達を混ぜての、レンタカー借りての旅行、旅行っていうか日帰り旅行ですけどね。そういうのは過去に何回かありますよ。こっちの友達ですよ。こっちの私の友達。私は結構巻き込んじゃうタイプ。向こうは友達関係には私を巻き込みたくないみたいで、向こうが〔彼の友達と〕合う時は私抜きです。私の方は声かけて一緒に行こうって。

Q：これは何人くらいで行くんですか。旅行に。

M：四人とか、三人、四人ですね。

パートナーと自分の生活時間をできるだけ合わせて、二人で過ごす時間を確保しているカップルもあった。Jさんは、カップルのそれぞれが帰宅した後、二人で風呂に入り、就寝することを語る。

Q：じゃあ、パートナーの方の一日のスケジュールについても聞きたいんですけど、いいですか？　わかる範囲で。

J：〔自分と〕同じ感じだと思うんですよね。6時に起きて、で、そうですね、お風呂に入り、7時30分には出勤をして、で、同じタイミングでご飯を8時頃食べて、で、出社をすると。

Q：出社は何時くらいかわかりますか？

J：出社はですね、私に合わせてくれているので、同じ15分頃だと思うんですよね。で、お昼時間もおそらく同じ、もしくは、かなり不定期というか、あまり決まってないらしいので、ちょっとそこはなんとも言えないんですけど。で、えっと、退社というんですかね。結構、早かった。18時30分か19時くらい。おそらく19時には出てると思います。で、その間に、帰る間に食事を済ませるんで、19時30分くらいには夕食をとり……。

Q：これは別々〔にとること〕が多い？

J：極力合わせるようにしてるんですけど、でも相方だけが先に帰る場合には、そのぐらいの時間になっちゃいます。で、あとは、そうですね、20時15分くらいに家に着いて、あとは同じですね。お風呂に一緒に入って、就寝を一緒にすると。

Q：お風呂は二人で入りますか？

J：ずっと、一緒に入ってますね。

Q：結構広いですか？

J：うーん、そうですね。広いお風呂なのかどうかっていう基準がわからないので、なんとも言えないですけど。

Q：（笑）

これ以外にも、パートナーと好きな海外旅行に行く（AさんとBさん）、二人で旅行や全国各地のゲイイベントに行って、余暇を楽しむ（Dさん）、二～三年に一回程度、パートナーと海外旅行に行く（Fさん）、パートナーと旅行の手続きを一緒にする（Kさん）、パートナーが仕事から帰宅後、一緒に映画を楽しむ（Lさん）などのケースが挙げられる。

3　ヘテロノーマティビティ対〈分かち合う親密性〉

本章では、同居するゲイカップルは家事／余暇活動のシェアを通じて、一体感が生じていることが明らかになった。すなわち料理法の違いを楽しむことや余暇を共に過ごすことで生じる幸福感や充実感が確認された。こうした関係性は、愛情と性別役割分業に基づく近代家族とは異なる。近代家族は、夫婦間で仕事や家事の役割が明確であり、ゲイカップルが家事をシェアする楽しみは、近代家族の役割遂行とは区別される。

さらに、これはギデンズが提唱する「純粋な関係性」とも異なるように思われる。先に指摘したように、「純粋な関係性」は、家事や仕事などの社会関係からは相対的に切り離されている。したがって、生活領域における一体感は「純粋な関係性」には組み込まれていない。

本書ではこれを〈分かち合う親密性〉と名づけた。〈分かち合う親密性〉は、同性カップル特有のものではないが、関係性のロールモデルが存在しない同性カップルにおいて生じやすいといえよう。

〈分かち合う親密性〉にゲイカップルの独自性があるとすれば、ヘテロノーマティビティとの関係が挙げられる。たとえば、食料品の買い出しを共にするゲイカップルは、特別視される可能性がある。しかし、そうした周囲の視線を気にしないカップルのように〈分かち合う親密性〉のもとで実践される家事活動のシェアは、ヘテロノーマティビティを克服する可能性を秘めている。「純粋な関係性」とは異なるかたちで、ヘテロノーマティビティや性別役割分業を乗り越えることができる。

第8章　職業生活への精神的サポート――仕事の不満や悩みを聞く

本章では、ゲイカップルの職業生活とパートナー関係に焦点を当て、ゲイカップルの労働環境やヘテロノーマティビティ（異性愛規範）への対処方法を明らかにする。第6章で示したように、ゲイカップルはカップル双方に仕事役割が期待されることから、本章では仕事が家庭に影響を与えるワーク・ファミリー・コンフリクトに焦点を当てる。ゲイカップルの語りから、パートナーの仕事を気づかう精神的サポートがワーク・ファミリー・コンフリクトを抑制し、ゲイカップル特有の親密性が生まれることが見出された。

1　ワーク・ファミリー・コンフリクト・アプローチ

1・1　ワーク・ファミリー・コンフリクトとは何か

ワーク・ファミリー・コンフリクトとは、職業生活（ワーク）と家庭生活（ファミリー）から役割を要請され、両立しがたい時に生じる葛藤を指す。ワークライフバランス論は政策論の色彩が強いため、ワークライフバランスがどの程度実現しているのか、実態をとらえる分析概念として、ワーク・ファミリー・コンフリクトが用いられる。

ワーク・ファミリー・コンフリクトは、仕事が家庭に与える葛藤と、家庭が仕事に与える葛藤の二側面について、時間、ストレス、行動の三つの観点から検討が行われる（Greenhaus and Beutell 1985）。多くの研究では、仕事のせいで家事・育児ができないことや、家庭責任があるために、仕事に支障をきたすことが検討される。

1・2 ワーク・ファミリー・コンフリクトの影響

ワーク・ファミリー・コンフリクトを抑制するのは、どのような要因か。たとえば、未就学児の子どものいる女性看護師において、負担の少ない勤務形態と夫との会話時間の増大がワーク・ファミリー・コンフリクトを低下させることが明らかにされている（鈴木・土井 2015）。勤務先の社内外の人間関係が挙げられることもある。たとえば、仕事と育児の両立に関して、信頼のおける他者の支援がワーク・ファミリー・コンフリクトを抑制し、就業継続意思を促進するという（児玉・深田 2010）。逆にワーク・ファミリー・コンフリクトの水準が高いと、精神的健康を悪化させる悪影響も指摘されている（松浦ほか 2008）。

ワーク・ファミリー・コンフリクトをめぐるジェンダー差の研究によると、職業生活と家庭生活の調整は男女で異なる。たとえば、子どもを持つ正規従業員の共働き夫婦において、仕事が重要な局面に入ると、男性の方が家庭より仕事を優先する（小堀 2010）。ワーク・ファミリー・コンフリクトは夫と妻の間で違いがあり、労働時間と家事・育児時間が夫婦で等しい場合、妻の方がワーク・ファミリー・コンフリクトの水準が高い（松田 2006）。

政策課題としては、職業環境の改善が提起されている。看護師を対象としたワーク・ファミリー・コンフリクトの研究によると、パートナーや子どもの存在が家族生活の領域に大きく関係することから、仕事と家庭を調整する組織文化マネジメントが重要である（重本・室津 2015）。

しかし、これらのワーク・ファミリー・コンフリクト・アプローチは異性愛家族を対象としており、本書で論じるゲイカップルには子どもがいないことや、職業生活におけるヘテロノーマティビティの影響を考慮すると、アプローチとして不十分である。

2 セクシュアル・マイノリティの職業生活と差別

2・1 ＬＧＢＴの職業生活

ゲイカップルの職業生活を対象とする比較的最近の研究が見いだせないため、ＬＧＢＴの職業生活の研究を取り上げたい。キングらによれば、従来の職業生活と家庭生活に関する研究のほとんどは、ＬＧＢＴの人々がどのように仕事と家庭を調整しているのかに注意を払ってこなかった。そこで、ＬＧＢＴの職業生活と家庭生活をとらえるアプローチを検討し、①役割理論、②スティグマ理論、③マイノリティ・ストレス、④インターセクショナリティ・パースペクティブ（複数のアイデンティティの交差を考察する視座）を提示している（King et al. 2012）。

具体例を挙げると、④のアプローチによると、子どもがいる同性愛者の女性は、ゲイ男性や異性愛女性よりも収入が高く、また仕事へのコミットメントも強いとみなされる。また、経済力のないＬＧＢＴの親は差別されることに強い不安をもつという。

セクシュアル・マイノリティの職業生活における主要な問題の一つは、差別である。特定非営利活動法人虹色ダイバーシティは、ＬＧＢＴの職場環境に関するアンケート調査を実施した結果、職場におけるＬＧＢＴに対する差別的言動と勤続意欲の関連性を明らかにした（柳沢・村木・後藤 2015）。職場でＬＧＢＴに対する差別的言動があると、そこで働くＬＧＢＴ当事者には勤続意欲の低い人が多い。注目すべきことに、そこではＬＧＢＴ当事者以外も、勤続意欲の低い人が多いという。こうした結果から、ＬＧＢＴに対する差別的言動は職場で不快に受け止められていると考察される。

平森大規は、同調査のデータからセクシュアル・マイノリティの収入や勤続意欲を分析した（平森 2015）。その結果、年齢、最終学歴、雇用形態などを通じて、当事者であることが収入の減少につながるという。また、収入や労働時間などの功利的要因に加えて、やりがいや職場の人間関係、ダイバーシティ意識など感情的要因が勤続意欲に効果を与えており、差別的言動のない職場は当人の勤続意欲に対して感情的に正の効果をもたらすと解釈されている。

2・2　職業生活がパートナー関係に及ぼす影響

キャリントンによると、カップル双方が伝統的に女性が従事する職に就くと、家事分担の平等が進む。その理由の一つとして、女性やマイノリティへの差別がレズビアン／ゲイの人々を短期で低賃金の仕事に追いやる一方、そこでは専門職に比して仕事内容への監視が弱いため、家事が可能になるという（Carrington 1999）。

セクシュアル・マイノリティが労働環境やヘテロノーマティビティにどのように対処しているのかを理解することは重要であるが、これまでに挙げた研究では、パートナー間でどのようなサポートがなされているか、十分に明らかにされていない。そこで本章ではインタビューの語りから、①ゲイカップルの職業生活の特徴、②職業生活におけるヘテロノーマティビティの経験、③パートナー間のサポートに注目して、ゲイカップルの職業生活とパートナー関係を考察する。

3　ゲイカップルの職場経験に見るヘテロノーマティビティ

3・1　ゲイカップルの職業生活の特徴

表3・3（第3章）に調査対象者とパートナーの平日の通勤時間を含む労働関連時間を示した。このデータから一週間の労働関連時間を推定することができる。

ゲイカップルの職業生活の特徴は第一に、労働時間が長い。週5日勤務と仮定しても、労働関連時間が週60時間以上に及ぶのは、パートナーを含む20人中13人である。カップル双方が週60時間以上は、10組のうち5組である。

第二に、離職を繰り返すケースが目立つ。離職の理由には、人間関係がうまくいかない（Aさん、Mさん）、自分の得意分野を活かした仕事に就く（Cさん）、他の仕事に魅力を感じた（Eさん）、経営者との意見の相違が生じた（Fさん）、仕事の影響により生活が不規則になり、体調を崩す（Iさん）、他にやりたい仕事がある（Kさん）、職場の理念が自分には合わなかった（Lさん）などが挙げられている。ヘテロノーマティビティと関連づけた質問を行わなかったため、離職の背景にヘテロノーマティビティが関連しているかどうかは、明確にはわからない。

3・2 ヘテロノーマティビティの経験

(a) カミングアウト

ヘテロノーマティビティは職場でどのように経験されるのか。職場でカミングアウトしていないケースが多く、困難さが挙げられた。

Dさんは職場でカミングアウトしており、周囲から受け入れられている。

Q：Dさんは〔職場でカミングアウト〕されているんですよね。

D：三年前に、社内で異動がある前の所では、まあ結構しゃべってたんですけど、今の所では必要以上にしゃべってないんですけど、まあ、社内なのでいろいろ伝わってはいると思うんですけど、必要以上にはいいかなという風に思ってはいます。その部分については、こっちも必要以上にしゃべらないで、聞かれたらしゃべるけど、嫌ではないんですけど。

Q：前の部署ですか？　これは。前の部署では、カミングアウトしていて、今の部署では必要以上にはしていないっていうことですか？

D：上の本部長と部長とかは、いろいろその知ってて、知ってるという風に思われる発言が結構あるので、気配りしてくれるので、みんなで話している時に。だから、こちらも感謝しながらも、まあ適当に、聞かれても、若い人が知っているのか知らないのかわからないんですけど、別に特に、年もだいぶいってきたし、そこらへんは日本人に独特のあれで、上手に説明ができないんですけど。

Q：え、部長でしたっけ？

D：本部長、部長。本部長と部長とあと……会話のなんか、飲み会の席とかなんかでちょっと気を遣って、そこらへんしてくれるんで。

Q：どんな風に気を遣ってくれますか。

D：だからまあ、結婚の話はしないとか、結婚の話はさておいて、普段の生活はどうだとか、あとは〔パートナーと飼っている〕ペットのことを聞いてくれたりとか、ちょっとこう、気にかけて、そこらへんを深く聞かなくても、嫌な思いをしなくてもいいような気配りをしてくれるところがある。そこらへんは必要以上にしゃべらなくてもいいかなっていう風に。

しかし、Dさんのパートナーは、職場でカミングアウトしておらず、組織に対して不満を持っており、異性愛者の中で働くことに困難を感じている。

Q：パートナーは自分の仕事について満足していると思いますか。

D：仕事そのものは好きなところがあるので、満足しているかと思うんですけど、組織とか、その中でゲイが働く、ノンケ〔異性愛者〕の中でひとりゲイが組織の中でうまくやっていくのは大変だっていう意味では不満を言ったりしているので、そこはどこの職場もまあ同じかな。

Q：パートナーの方は職場でカミングアウトされているんですか。

D：今の所はしていない。

Fさんもカミングアウトしておらず、男性が好きであることをからかわれた経験を語る。

Q：えっと、〔男性同士で部屋を借りる時に〕その自分たちが同性カップルであることが「バレそう」になったことはありますか？

F：どうなんだろう。別にしょっちゅう会うわけでもないけども、でも、不動産屋さんはおばちゃんなんだけども、会うと結構喋るんだよな。「バレて」るのか「バレて」ないのか、どうなんだろう。あんまり聞いてくることもないし。不動産屋はないけど、職場はあるな。

Q：職場でどういうことがありました？

F：あの、職場でも、職場では、友達とルームシェアしてるって言ってる。で、同性の友達って言ってるんだけど、中には「本当は彼女なんじゃないの？」っていう人もいるし。まあ、それは嫌な言い方じゃないんだけど。あと、怪しがってる人もいる。

Q：どういう風に怪しがってるんですか？

F：やっぱ、ゲイなんじゃないかっていう風に。特に、あの、女の子ね。

Q：それはどこらへんでわかるんですか？
F：やっぱ、笑いながら「男の方がいいんでしょ？」みたいな感じで。「そうそう」みたいな感じで。
Q：その時にどういう気分になりますか？
F：まあ、仕方ないかなと思うけどね。あんまりいい気はしないけど。そんなにあからさまに否定するものでもないし、「そうそう」って言っておけばいいかな。それとかさ、「それもあるかもね」って言っておけばいいかな。

(b) 性風俗

職場で性風俗に誘われ、不快な思いをすることが挙げられた。Iさんは以前勤めていた職場で上司から性風俗に誘われ、断ることができなかったと語る。

Q：職場で性風俗に誘われたことはありますか。
I：ああ、キャバクラは風俗に入るんですかね。
Q：あ、入ります、入ります。
I：キャバクラですかね。
Q：その時の事、詳しく教えてもらってもいいですか。
I：なんか、上司が好きで、それで、まあ、会社の付き合いですよね。割り切って。まあ、断るのも……それでも何回かは断ったことはあったんですけど、まあ、あんまり全部断るのもよくないかなって思って同行したんですけど。
Q：同行する時にどういう気持ちになりましたか。
I：ああ、正直面倒くさいなって思いましたね。大して楽しくないじゃないですか。自分は大して楽しくないので、かといって、それでお金払ってますからね。だから、全然乗り気じゃないですよね。

(c) 結婚のプレッシャー

結婚のプレッシャーも挙げられた。Eさんは、職場において結婚の話題が出ると、仕事が好きという理由で結婚しないと周囲に説明している。

Q：職場で結婚に関する話は出たことありますか。
E：ありますね。
Q：どういった場面で出ましたか。
E：同僚が結婚した時、あと、そうだな、上司が離婚した時（笑）、自分の年齢の話題になった時、「いつになったら結婚するの？」みたいな。
Q：「いつになったら結婚するの？」って言われた時にはどういう気持ちになりますか。
E：「できません」って言います。「なんで？」って言うと、「仕事好きだから」って。
Q：周りはそれで納得するんですかね？
E：周りは口では、「彼女いるんでしょ？」って言っておしまいですね。あんまり深く言わないですね。

Jさんは職場で結婚しないのかと問われた経験について不快感を抱いているが、その上で、同性パートナーと結婚し、子どもを持つことを望んでいることを語る。

Q：職場で結婚の話は出ますか。

J：出ます。結構何人かに言われるんですよね。「好きな人いないの？」とか、「結婚しないの？」とか。

Q：その時にどういう気分になりますか。

J：それはそれでまあ……結婚願望が、もともとノンケなので、結婚願望がないかって言われたら、そんなことないですし、子どもが欲しくないかって言われたら、欲しいって思っちゃうので、よく言われますけどね。

Q：嫌な思いはしたことありますか、職場で。

J：いや、そういう話が出たら常に嫌な思いになりますよ。

Q：うん、うん。子どもが欲しいっていうのは、パートナーとの関係において、結婚したいとか、子どもが欲しいとか思いますか。

J：うん、思いますね。相手と結婚したいし、相手の子どもが欲しいなと思います。

Bさんは職場での結婚の話題に不快感を示し、合コンに誘われても適当な理由で断っている。

Q：職場で結婚に関する話は出ますか。

B：出ますね。

Q：どういう話が出ますか。

B：まずは、「彼女いないの?」とか、「彼女つくらないの?」とか、「いい人いないの?」とか、そこからですね。で、「いませんよ」とか、「誰かいたら紹介してくださいよ」っていう当たり障りのない返答をし、で、合コンとか誘われると、「その日都合悪いんですよね」って言って、行かないっていう。はっきり言って、ウザいですね、そういう問いはもう。

結婚のプレッシャーはほかに、以前勤めていた会社で上司から「家族をつくらなければ、いい仕事はできない」と言われている独身の社員がいたというIさんや、以前の職場で既婚者から「結婚はいいよ」「結婚しないいね」と言われたKさんが挙げられる。

Lさんの職場では結婚している人の方が昇進しやすい。Lさんは独身者でも有能な人がいるにもかかわらず、結婚していないという理由で昇進できないのは差別的であるとしている。

Jさんの職場には、セクシュアル・ハラスメントやセクシュアル・マイノリティに関する相談制度がある。しかし、仕事に支障をきたす可能性があることから、利用はしていない。

Q：職場で〔自身のセクシュアリティを〕打ち明けても快く受け入れてもらえそうな感じではないですか。

J：いや、制度自体があって、もちろんそういう人については相談に乗るよって言われてるんですよ、人事課から。でも、信用ができないというか。打ち明けたことで、何か今後の人事に関わってきたらどうなのかなって。そういう風な不安な気持ちを抱えてしまうと、なかなか相談ができないっていう事実がありますね。あと、職場の環境については、私の恋愛について、あんまり興味を持っていないんだと思うんですけど、そこまで話に出てこない。出てきたとしても「〔相手は〕いない」という話をすると、「あ、そっか」という話が返ってくるので。

Q：相談しますよっていう制度があるのは、同性愛者の人向けにってことですか？

J：そうです、そうです。

Q：これは、こういう制度があるっていうのは職場の人は知ってるんですか。

J：一応、公になっているので。同性〔愛者〕とかじゃなくても、セクシュアル・ハラスメントとかパワハラとかそういった相談にも乗るし、まあ、同性愛者に関することでも相談に乗りますと。

Q：実際、使いやすい制度になっているんですか。

J：おそらく利用はされていないと思うんですけど、もちろん個人情報に当たるので、〔相談の事実自体は〕公になっていないんですけど、なので、本人と人事課との話になるので、たぶん、私が知りえないと思うんですけど。あまり使っているというのは聞いたことないですね。

3・3　職場の雰囲気

職場の独特の雰囲気も挙げられた。Lさんは、以前の職場が「体育会系」の職場であるとして、耐えられないことから、離職した経験を語る。

最初、面接の時に、なんか貧弱そうなんで、「何か部活やってた?」って言われて、すごい嘘で「バスケしてました」みたいに言って、「体力はかなり自信あるんですよ」って言って、入ったんですけど、なんか、考え方がすごい体育会系で、入る人、入る人みんな頑張って三日で辞めちゃうんですよ。それくらい結構キツい仕事で、パソコンを運ぶ仕事ばっかりで、でなんか、中にアフリカとか外国人が何人かいて、日本語自体あんまり通じないんですよ。なので、指示とか出す時に通じない。で、ミスとかするじゃないですか。その指示をした人のミスってことになるんですよ。で、「責任をとれ」って言われるんですよ。なんだろそれって思って、で、何って言うんだろ、「人のミスも自分のミスだと思え」みたいな標語があって(笑)、辞めましたね。すごい時給はよかったんですけど、耐えられないですね。(Lさん)

Lさんと類似するケースとして、Mさんも職業選択において職場の雰囲気を考慮する。Mさんは、性風俗に誘われるような職場を選択しないようにしている。

入る会社って、そういうような(性風俗に誘われるような)雰囲気の会社合わないんですよ。どっちかっていうとさっき言ったガテン系の職場とかって、そういうような感じじゃないですか。職場で煩わしいのは、風俗と野球と酒。その三つが煩わしい。そういう話が出てくる臭いがする職場には応募したくない。(Mさん)

3・4　仕事から家庭へのワーク・ファミリー・コンフリクト

職業生活が家庭生活に与える負の影響も、簡単に触れておく。仕事と家庭の役割葛藤として、仕事が忙しく家事がおろそかになる（Aさん）、パートナーは仕事のせいで休日も疲れている（Cさん）、仕事が忙しくて、睡眠が4時間しか取れない（Eさん）、仕事のせいでパートナーが苛立っている（Lさん）、パートナーの仕事が忙しい時は、別々に夕食をとる（Mさん）などが挙げられた。

4　ゲイカップルのパートナー間のサポート

こうした労働環境やヘテロノーマティビティのもとで、ゲイカップルのパートナー間でどのようなサポートがなされているのか。パートナーの話を聞き、安心感をもたらすサポートが多くのケースで語られた。

4・1　長時間労働の不満を聞く

パートナーの帰宅後に話を聞くサポートが挙げられた。Dさんはパートナーが長時間労働で疲れ果てて帰宅した時に話を聞くことで、パートナーの気分が晴れると語る。

Q：パートナーを元気づけたり、励ましたりした経験はありますか。
D：それは、はい、あります。
Q：どんなことでありますか。

D：まあ、〔パートナーが〕忙しくて、疲れて帰ってきて、愚痴をいろいろなんか言ってて、仕事の段取りが悪いとか、何とかいろいろ言ってたり、向こうもまあ、なんかこうアドバイスするっていうより、聞いてあげるような感じかな。まあ、しゃべればすっきりするところもあるので、まあ、特にアドバイスすることはなくても、ちゃんと聞いてあげれば、それですっきりする。

4・2　求職・転職の悩みを聞く

求職・転職の悩みや不安を聞くサポートが挙げられた。Cさんは仕事がない、または減少したことをパートナーに聞いてもらったと語る。

Q：パートナーに悩み事や心配事を聞いてもらったことはありますか。
C：うん。
Q：どういったことで？
C：自分は仕事がないとか、仕事が減ってるとか、将来何で稼いでいくかとか。

Iさんは留学から帰国し求職しているが、仕事がない不安をパートナーに聞いてもらったと語る。

Q：パートナーの方に元気づけられたり、励まされた経験はありますか。
I：まあ、ありますね。

Q：それはどういう時ですか。

I：まあ、仕事の話だったりとか、仕事のことですかね。

Q：仕事の話っていうのは具体的にはどんなことですか。

I：まあ、たとえば、どういうことがうまくいかないとか、今どう考えているんだけどっていう、まあ、そういう感じですかね。まあ、あと今で言えば、自分は正直無職なので、そのことに関する不満、不満っていうか、不安ですよね。まあ、聞いてもらったりはしてますけど。

Mさんは、自営業に従事しているが、民間企業への就職活動をしている。面接で採用が決まらない時に、パートナーが話を聞いてくれるという。

Q：パートナーの方から元気づけられたり、励まされた経験はありますか。

M：そうですね。ありますね。たとえば、面接行ってきた時に、なかなか決まらなかったりして、結局、今独立してやってるっていうのも、就活やったけども、なかなかうまくいかなくて、年齢的なものもあるし、仕事が少ないっていうのもあるし、ましてや、自分がめざしてる仕事ってほんと狭いんですよね。そうなってくると、努力して動いているけど、見つけようとしても見つかんないという時に［パートナーが］「次があるよ」とか、そうやって励ましてくれたりとかありますよ。

Eさんは、留学生のパートナーが日本で就職活動をしているが、日本語能力に問題があり、面接でなかかなか採用が決まらない。Eさんはそうしたパートナーを励まし、悩みを受け止めている。

Q：パートナーを元気づけたり、励ましたりした経験はありますか。

E：あります。

Q：その時のことについて詳しく教えてもらってもいいですか。

E：まあ、学生でいたんですけど、その当時は。なるべく早くプロパーの職業に就きたいってことで、いろいろ就職活動したんですけど、外国人が言うに日本語能力とかの問題があって、なかなかやりたかった仕事に就けなかったりとかしたんですけど、私もまあ留学経験あるところから、「あんまり焦んなくていいよ」「できることは一緒に解決していこう」ってことはありましたね。

Q：それに対して、パートナーの方はどんな……。

E：まあ、一定の理解は示してくれましたね。

Q：パートナーの方の心配事や悩み事を聞いてあげた経験はありますか。

E：あります。

Q：その時のことについて、詳しく教えてもらってもいいですか。

E：あの、このまま日本に住むべきか、住まないべきかって、根本的な心配事ってありましたよね。

Q：それはどうしてそういう風に悩んだんですかね。

E：やっぱり、実家にはお父さんもお母さんもきょうだいもいる。片や自分の好きな日本があって、自分が好きな彼氏がいる。さあ、それはどういう選択をすべきかみたいなのは、本人的には悩むんじゃないですかね。ましてや、仕事が決まんなかった時期でしたから。ただ、これも能力が決して低い人間じゃなくて、あの、言葉ができれば、だいぶ買ってくれる会社あるんですよね。逆を申し上げると、実家に帰ると、いろんな就職する口があるわけですよ。楽をしようと思えば、そういう選択肢もあるんですけど、まあ、あえて自分では、そういう楽な選択をせずに、日本での就職っていうところで果敢にチャレンジしてきたっていうのがあったってことですね。

4・3　仕事の不満やストレスを聞く

仕事の不満やストレスを聞くサポートが挙げられた。Fさんのパートナーは同僚が仕事をしないことに不満を抱いており、そうした話をFさんにすることで、不満を解消している。

Q：パートナーの方から仕事の不満を聞いたことはありますか。
F：うん。あるある。
Q：どういった不満を……。
F：職場の同僚というか、かな。
Q：同僚とどういう……。
F：あまり仕事しないとか、そういうことだったかなあ。
Q：同僚がですか？
F：そうそう。

Q：それに対して、どういう風に返したんですか。

F：「そう、大変だね」みたいな、だったような気がする。

Q：それに対して、パートナーの方はどういう反応でしたか。

F：まあ、とりあえず言うだけ言って落ち着いたんじゃない？

Lさんはパートナーが仕事で苛立っている時は、さらなるストレスがかからないよう、話題に気を遣っている。

Q：カップルを長く続けさせるには何が必要だと思いますか。

L：やっぱり、えっとお互いを束縛しないような時も必要だし、なんか、大げさかもしれないんですけど、どこか遊びに行く時にはこまめにメールとかもして、心配させないようにするってことと、相手の雰囲気っていうか、その時の場合によって雰囲気も読み取れるようにならないと続けていけないかなっていう感じですね。

Q：相手の雰囲気ってどういうこと？

L：たとえば、仕事とかでイライラしてる時に、楽しいような話題とかを振ると、余計に怒っちゃうんですよね。なんで、その都度、不機嫌な時は放ったらかしがいいですね、一番。で、向こうから話しかけてくるまで放ったらかしですね。まあ、最低限「おかえり」とかは言うんですけど。それ以外は。

5　パートナーを守る精神的サポート

本章ではゲイカップルの職業生活とパートナー関係を考察してきた。カップル双方とも長時間労働に従事しているケースが多い。日本では、長時間労働は男性に集中し（森岡 2015）、双方が男性であるゲイカップルにおいて、問題が先鋭化していると考えられる。ここにはワークライフバランス論の新たな課題が示唆される。

労働環境とヘテロノーマティビティに関する語りから、カミングアウトの困難、同性愛者に対するからかい、性風俗、結婚のプレッシャー、相談窓口の利用、職場の雰囲気などが浮かび上がった。このうち、職場におけるカミングアウトや、同性愛者に対するからかいは、異性愛社会において同性愛者が独自に抱えるヘテロノーマティビティの問題である。

この点は、ゲイカップルが離職を繰り返す特徴とも深く関わる。インタビューの語りによると離職の理由は、人間関係、他の職業への魅力、仕事による不規則な生活・体調不良などであった。しかし先述のように、職場に差別的言動があると勤続意欲が低くなる研究結果からも、ヘテロノーマティビティが離職に関わることが推察される。

パートナー間のサポートは、相手の仕事の話を聞くことが主であったが、パートナーの疲労、不満、不安、苛立ちなどの負の感情を和らげる役割を果たしており、情緒を安定させるサポートといえる。

家庭に生じる負の影響へのサポートは語られなかったが、この点は第6章で示したカップル双方への仕事役割の期待から説明できる。ゲイカップルは双方に仕事役割が期待され、長時間労働のケースも多い。したがってパートナー間で仕事が話題にのぼりやすく、サポートもそれに集中する。双方が男性であるゲイカップルは、同じ仕事役割に対してパートナーの共感や理解を得やすく、お互いのサポートによって気分が満たされ、親密性も生まれやすい。そのぶんワーク・ファミリー・コンフリクトが抑制されやすく、それに対するサポートもなかったと推測される。

職業生活への精神的サポートは、仕事の不満やストレスをやわらげるだけでなく、職場の差別的言動などのヘテロノーマティビティからパートナーを守り、親密な関係性を続ける上で欠かせないであろう。このサポートはLさんの「こまめなメール」や「放ったらかし」のようにさりげなく、明確な役割として期待されていない。これは、夫はおもに仕事役割、妻は家事・育児と家族の情緒的サポート役割という分業が固定化している異性愛家族とは、かなり様相が異なる。

第9章　民主制としての意思決定プロセス——平等なパートナーシップの形成

1　同性愛者のパートナーシップ

欧米諸国を中心に同性婚やドメスティック・パートナー制度が成立するなど、同性パートナーシップに対する法的保障が進行しつつある。日本では「渋谷区男女平等及び多様性を尊重する社会を推進する条例」が二〇一五年三月三一日に可決・成立し、同年四月一日に施行された。一部の自治体で同性カップルにパートナーシップ証明書を発行する動向があるものの、国の政策には目立った変化は見られない。同性パートナーシップの法的保障が世界的規模で進行しつつあるなか、同性愛者の生活領域に分け入り、パートナー関係を理解する必要がある。本章ではパートナー関係の民主主義を考察する。

欧米では、同性愛者のパートナー関係を民主主義の視点からとらえる研究がなされてきた。ギデンズの『親密性の変容』は民主制としての親密な関係性として、婚姻に基づかず、相対的に平等な立場で形成されてきた同性愛者の関係性を取り上げ、パートナー関係のゆくえを論じた（Giddens 1992＝1995）。一般に民主主義とは、構成員全員が意思決定に関わることを指す（Dahl 1998＝2001）。こうした原理に照らして、構成員が意思決定に関わるプロセスを明らかにすることは重要であるが、同性カップルのパートナー間で意思決定がどのように行われるのか、『親密性の変容』からはわからない。

他方、クィア家族研究のウィークスらは同性愛者の意思決定プロセスの一端を明らかにしている。同性愛者には関係性のロールモデルが不在であり、そこではパートナー間の交渉可能性が重視される（Weeks et al. 1998, 2001）。

しかし、実際の意思決定プロセスの交渉以外の場面、たとえば対立や力関係なども含む意思決定の全容がカバーされているとは言いがたい。日本でも、同性愛者にロールモデルが存在しないことは指摘されてきたが（Kamano 2009a; 風間・河口 2010; 杉浦・矢島 2000）、パートナー間の意思決定プロセスは明らかにされていない。そこで本章では、ゲイカップルの意思決定プロセスを通して、民主主義と平等なパートナーシップを考察する。

ロバート・ダールの民主主義論は、公的領域を対象とする。すなわち、民主主義の基本原則として、すべてのメンバーが集団の行う種々の政策の決定作成過程に参加する資格を持つ（Dahl 1998＝2001: 50）。この原則を家族やパートナー関係など私的領域に応用するアプローチでは、結婚などの私的領域を民主主義の場として考察する(1)。先述のギデンズ『親密性の変容』では、私的領域の民主化を基盤として、公的領域の民主化を実現する構想を提起している。

本書でも、私的領域を民主主義の場としてとらえ、親密なカップルにおいて双方が意思決定に関わることを、パートナー関係の民主主義と呼ぶ。さらに、カップル双方が意思決定に関わり、合意に至るだけでなく、合意に至らない経緯も含めて、意思決定プロセスと呼ぶ。

2　同性カップルの意思決定プロセスとヘテロノーマティビティ

2・1　レズビアン／ゲイカップルの意思決定

レズビアン／ゲイカップルの意思決定に関する従来の研究は、第一に、パートナー間の意思決定と関係性の質との関連が明らかにされてきた。たとえば、ブルームスティーンとシュワルツの『アメリカンカップルズ』は、法律婚異性愛、非法律婚異性愛、レズビアン／ゲイのカップル比較を行い、どのタイプのカップルも家計管理の意思決定にカップル双方が同等の影響力を持つと、平穏なパートナー関係が形成されるという（Blumstein and Schwartz 1983 = 1985a）。同様に、レズビアン／ゲイカップルの意思決定のシェアは、関係性の満足と結びつく（Harry 1984；Kurdek 1995；Kurdek and Patrick 1986；Peplau and Spalding 2000）。

第二に、パートナー間の意思決定の規定要因として、子どもを持つレズビアンカップルにおける生物学的母親の影響が検討されている。家事や子どもなどの意思決定において、生物学的母親とそうでない母親の影響力が同等、あるいは異なるという説がそれぞれ存在する。パターソンによると、生物学的母親とそうでない母親の家事遂行と意思決定は平等である（Patterson 1995）。黒人のレズビアンカップル研究では、生物学的母親が意思決定において、より多くの責任と影響力を持つとされる（Moor 2008）。同様に、レズビアンカップルが子どもの名前を決める際に、生物学的母親が自分の姓を子どもにつけるという（Almack 2005）。

異性愛夫婦との対比では、パターソンらによると、仕事と家事分担の意思決定において、レズビアンカップルは理想的な家事分担などのイデオロギー要因が関わるのに対して、異性愛カップルは夫の仕事時間などの構造要因が関わる（Patterson et al. 2004）。

ハリーによると、ゲイ男性ではパートナー間の年齢差が小さいカップルより大きいカップルにおいて意思決定の偏りが大きく、年上のパートナーの影響力が大きい（Harry 1982）。メジーによると、レズビアン／ゲイが子どもを持つか否かの意思決定には、多様な要因が働く。すなわち、①子どもを持つことを望むか否かなどの個人の問題、②サポートネットワークや情報、資源へのアクセス、③仕事に関連する問題、④親密なパートナーとの関係である。また、子どもを持つか否かの意思決定は人種や階層による違いが生じる（Mezey 2008, 2012）。

柳原良江によると、日本ではレズビアン・マザーが親になる意思は性的指向とは独立しており、本人が内面化する女性のジェンダー意識が影響する（柳原 2007）。

2・2　意思決定プロセスとヘテロノーマティビティ

これらの知見にはいくつかの限界がある。第一に、性的アイデンティティ、ジェンダー、生物学的つながり、人種、イデオロギー、仕事時間、情報や資源へのアクセス、年齢など、レズビアン／ゲイカップルの意思決定に影響を及ぼす構造的および属性的要因は明らかにされる一方、パートナー間の相互行為としての意思決定プロセスの内実はわからない。パートナー間の交渉のみで意思決定されるのか、パートナー間に意思の相違があったり、力関係による意思決定にはどのような問題が生じるのか。これらはパートナー関係の民主主義の考察にとって重要である。

第二に、ヘテロノーマティビティは意思決定プロセスにどのように影響するのか。第4章で見たように、ゲイカップルの生活の個別化（カップルが収入や生活財を各自で所有する）の背後には、ヘテロノーマティビティによる制度的保障の不在や同性愛者への差別があり、これらの影響も考えられる。

3　ゲイカップルはどのように意思決定しているか

3・1　意思決定プロセスへのアプローチ

本書では、生活費負担、家計管理、家事分担、同居の経緯の意思決定プロセスに関して、ゲイカップルにインタビューを行った。

カップル間の意思決定へのアプローチに合意に至らないプロセスも含むのは、パートナー間で意思の相違が生じたり、双方の合意なしに一方が意思決定するプロセスも含めるためである。パートナー間の意思の相違、力関係、合意の有無、先述した関係性のロールモデルの不在に注目するが、ここでのロールモデルは、カップルの一方が仕事に従事し、他方が家事を遂行するという役割分業モデルを指す。また、ヘテロノーマティビティが意思決定に与える影響にも焦点を当てる。

ゲイカップルの語りから、以下に挙げる生活領域において多様な意思決定プロセスが明らかになった(2)。

まったという。

3・2　意思の相違がなく、合意するプロセス

意思の相違がなく、合意に至るプロセスが挙げられた。Dさんは、カップル双方の収入等を考慮し、パートナーよりもやや多めに共通の生活費を負担していた。こうした生活費負担は、日々の対話を通じて、決

Q：この生活費負担のあり方はどちらが提案したとかありますか？

D：話し合った記憶、普段の生活で、提案したって言うわけではなくて、毎日のように少しずつ、何かの話につけて話をしてるうちにだんだん固まってきたかなっていう感じですね。それがある程度、賃貸の（家賃を払う）時に、ある程度固まったので、そのまま、賃貸から住宅ローンになっても、基本的には同じやり方でやってるっていう風に考えてもらえれば……。

Jさんは同居に際して共通の財布を持ち、そこから共通の生活費を支出していた。収入の多いパートナーの方が多く負担していたが、こうした生活費負担や家計管理は、話し合いによって合意したという。

Q：えっと、共通の財布とかはありますか？

J：以前作りました。でも、今は使ってないです。

Q：以前、共通の財布を作ったのはどうしてですか？

J：やはり、一緒に住むので、そこからお金を出してもいいんじゃないかっていう話になったんですよ

ね。面倒くさいっていうのがひとつの理由なんですけど、今回は私出す、今回はそっち出してとか、そういう風なのじゃなくて、ある程度、たとえば私が一万円だったら、相手が二万円入れて、そこから二人で使ったものは出すと、支払うと。その時に相方の方が割合が多くて、多めに出してくれてはいたんですけど。

Mさんは、パートナーとの同居を開始した当初、封筒を共通の財布とし、管理は二人で行っていた。負担はパートナーの方が圧倒的に多く、二人は共通の財布から家賃、食費、光熱費などの生活費を支出した。しかし、最終的に封筒は使われなくなった。

Q：今の家計管理のあり方っていうのは、家計管理っていうのは、共通の財布を持たずにお互い負担するようになった経緯ってどのようなものですか。

M：経緯……最初はね、一番最初はあの、封筒作ったんですよね。その封筒にいろいろと自分の持ってる分から出して入れよう。だけど、それが面倒くさくなっちゃったんですよ。結局はまあ、向こうが出すから、じゃあ、自分がまあ、家賃の引き落としにしても、口座に入れておくのも向こうがするし、全部そういう感じなんですよね。

Q：その封筒には、それぞれどれくらいの収入を入れていたんですか。どれくらいの金額を入れてたんですかね。

M：えっと、今と同じですよ。9対1くらいですね。

Q：え、相手が9で……。

M：相手が9。でも、役割で、その、ここの部分は誰が出すっていう風な形になって、食費の部分は私が出すっていう風になってるから、それでそういう（封筒を持つという）スタイルが消滅して、普通に自分の財布からダイレクトに出すようになりましたね、お互いに。結局、その封筒に入れても、出して、また振り込んだり、なんだかんだって、一緒になっちゃいますからね。そういうワンクッションを省いて……。

Q：えっと、その封筒は誰が管理してたんですか。

M：管理は二人でしてましたね。

Q：二人で。

M：引き出しに入れといて、お互いに使った分は出して、で、その、たとえば、公共料金を払ったら、レシートみたいなのもらいますよね、領収書。それを一緒にそこにまた置いておくとか。で、何に使ったっていうのがわかるから、食費なんかもスーパーのレシート入れておけば……でも、本当に最初の時だけですよ。

Mさんと類似するのはCさんである。Cさんとパートナーは共通の財布を持たず、共通の生活費の支出があるとレシートを冷蔵庫に貼り、レシートが一定量たまると、パートナーと精算を行っていた。

Q：じゃあ、家計管理について聞きたいんだけど、二人の生活で共通の財布はある？

C：ないです。
Q：それはどうしてないの？
C：スーパーに行ったりすると、どちらかが払って、冷蔵庫に貼っとくんだけど。
Q：レシート？
C：レシート。それが溜まってきたら、精算をして、多く払ってる方に、少なく払ってる方が差額分払うシステムになってる。
Q：これはどうしてこういうことをしてるの？
C：どうして？（笑）スーパーで割り勘は面倒くさいし、スーパーの会計後に割り勘は面倒くさいでしょ？
Q：うん。
C：面倒くささが積もり積もってこうなったね。

……（中略）……

Q：こういう家計の管理はどういう風にして決めましたか？
C：自然と。
Q：どっちかが提案したりとかした？
C：自分が先にやり始めたかもしれない。冷蔵庫に貼り始めたの。
Q：パートナーはそれに対して、どういう風に反応しましたか？
C：別に（笑）。

Ｑ：今の家計管理のあり方については、どう思いますか。
Ｃ：まあ、いいと思います。
Ｑ：パートナーはどういう風に思っていると思いますか。
Ｃ：まあ、大丈夫。

Ｃさんもパートナー間で家計管理の意思の相違はなく、二人の合意に基づいて行っていた。以上のように意思の相違がなく合意が成立するのは、最もシンプルな意思決定プロセスである。

3・3　意思の相違があり、交渉によって合意するプロセス

意思の相違があったが、交渉の結果、合意に至るプロセスが挙げられる。Ｆさんは、正社員で収入が安定しているが、パートナーは派遣社員で収入が不安定である。双方の収入の一部を共通の財布で管理し、そこから共通の生活費を支出していたが、生活費負担は同額である。Ｆさんはパートナーとの同居に際して、二人の収入をすべて共通の財布で管理することを提案したが、パートナーが反対したため、交渉の結果、このような家計管理と生活費負担になったという。

Ｑ：そういう共通の財布を作って、口座を作ってっていう風にするって決めたのは、どういう風にして決めましたか？
Ｆ：えっと、それは、最終的に向こうの意見だったのね。最初、俺は一つに財布をまとめてっていう風

に考えていたんだけど、それを向こうが嫌だっていう風に、まあ、強固に反対して、で、それで、共通の財布っていうのは、ねえ、第三の財布を作ってっていう風に。

Q：それは、どうして嫌だって思ったんですかね？　あっちは。

F：なんか、「自分のお金なのに自由に使えないのは嫌だ」みたいに言ってた。

Aさんは、パートナーであるBさんの自宅に入居し、二人の生活が始まった。同居に際して、Aさんは当初、Bさんに生活費を支払うつもりはなかったが、交渉の結果、AさんはBさんの意思に同意した。生活費負担をめぐってBさんは次のように語った。

最初、彼は〔Aさんは生活費を〕払うつもりがなかったんですよ。それは結局ここの家が賃貸じゃなくて分譲で自分〔Bさん〕の持ち物で、結局自分は〔家賃を〕払わなくていいみたいなことがあったりとか、自分のほうが11個年上だったりとか、当然収入が上だったりとかってこともあって、払わないみたいなことを言っていたんですが、でも、それは違うだろっていう話をしました。自分も結局、〔同性と〕付き合ったこともなければ、同棲したこともなくて、わかんなくて、周りの友達とかにも聞いてみたんだけど、「やっぱりそれは取る方がいいよ」って言われて、「やっぱそうだよね」と思って、それで負担にもならないレベルで、今までの家賃の半分ぐらいだったらいいだろっていうので、話して。（Bさん）

合意が成立する二つのプロセスを見てきたが、同性カップルは同居を開始した関係形成の期間において交渉プロセスを経験するというキャリントンの研究の知見（Carrington 1999）と、関係性のロールモデルが不在である同性愛者において、交渉が遂行されるというウィークスらの知見（Weeks et al. 1998, 2001）とも一致する。これらのケースは、カップル双方が交渉を行い、決定に関わっていることから、民主的な意思決定プロセスとして位置づけられる。

3・4　意思の相違があり、合意が困難なプロセス

欧米の知見とは異なり、意思の相違があり、合意の成立が困難なプロセスも挙げられた。Kさんは、パートナーの方が共通の生活費を多く負担していた。これに対して、パートナー間で齟齬が見られた。Kさんは疑問を抱き、自発的に生活費を支出するようになった経緯を語る。

Q：さっきの質問と重なってしまうんですけど、どういう風にして生活費の費用分担を決めましたか。

K：えっと、具体的な話は一切なかったです。で、えっと、ただ、あまりにも相手が払おうという意思が強すぎるので、えっと、徐々に勝手に出し始めました。

Q：えっと、パートナーの方の自分で支払おうという意思が強いのは何か理由があるんですかね。そういう性格なのか、収入の違いなのか。

K：性格じゃないかと思うんですけど、性格だとか自分の年齢だとかそういうことではなかろうかと思うんですけど。

Kさんはパートナーとの間に意思の相違が生じ、合意が困難であった。このケースは欧米では十分に解明されていないが、ロールモデル不在の下で生じる民主主義の困難ととらえられる。仕事と家庭の役割モデルのないゲイカップルは、家事や仕事、生活費負担などを取り決めなければならない。意思の相違は緊張関係を生む。ここにカップル双方が意思決定に関わる、パートナー関係の民主主義の抱える困難が示される。

3・5　力関係によって決定するプロセス

力関係によって意思決定が行われるプロセスも挙げられた。ここでいう力関係は、カップルのうち一方が意思決定に影響力を行使することを指す。Iさんは、パートナーの方が共通の生活費を多く負担している。パートナーとの同居に際して、生活費負担はパートナーの提案によって決まったことを、Iさんは次のように語る。

うーん、〔生活費負担の決め方は〕ほとんど適当ですね。まあ、向こうが「これでいいよね」みたいな感じだったので、自分もそれに甘えさせてもらったみたいな感じですね。たぶん向こうは、かなり計算しているとは思うんですけどね。どういう割合でみたいな、月々貯金がどれくらいでっていうような形で、やってたとは思うんですけど。自分は全部それに受け身でやってたんで。（Iさん）

Lさんはパートナーの自宅に入居し、二人の生活が始まった。Lさんは収入が不安定であるのに対して、パートナーは安定している。二人は共通の財布を持たず、それぞれの収入から必要に応じて、共通の生活費を負担している。Lさんは共通の財布を作ることを提案したが、パートナーに断られたと語る。

Q：今の生活で共通の財布はありますか。

L：ないです。一回「作ろう」って言ったんですけど、「作らない」って言われましたね。

Q：なんで「作ろう」って言ったんですか。

L：やっぱり結婚してるような方が多いんですよね、周りに、職場とかで。結構多いんですけど、年齢層が高いんで、やっぱ共通の財布は必要だよって言われて、「聞いてみな」って言われて、聞いたら、もう即答でしたね。「作らない」って言われましたね。作らない理由としても、たぶん自分があんまり、作ったとしても使わないんですよね、たぶん。まあ、緊急の時にってことで「作ろうよ」とは言ったんですけど。

Eさんは同居に際して、家事分担と家計管理の意思決定に影響力を行使したことを語る。Eさんのパートナーは学生であり、一人暮らしであったが、アパートの契約期限が切れることをきっかけにして、Eさんの自宅で暮らすようになった。洗濯、掃除、食料品・日用品の買い出しは二人で行い、食器洗いは料理を作らなかった方が行う。共通の財布は持たず、パートナーは毎月一定額の生活費をEさんに支払い、Eさんが自分の財布から共通の生活費を支出する。Eさんが提案してこのように決まった。

Q：家事分担はどうやって決めましたか。

E：どうやって決めた……話し合いで。

Q：話し合った時のことを詳しく教えてもらってもいいですか。

E：彼は友達もパートナーとも同棲をしたことがないので、まず、同棲とはどういうものかっていうことを私からうんちくを語って、で、彼に対して「同棲をしたがゆえに関係を悪くしたくないから、今からきちんとしたクリアなルール決めっていうのをしなきゃいけないよ」っていう話をして、私の方から考えられる家事のアイテムというものをリストして、これは誰がやろう、こういうルールでやろうっていうことをまあ、二、三時間ぐらいかけてですかね、家賃の話も含めて、付き合って間もない頃に話をしましたよね。っていうのは、彼ともう付き合ってすぐに同棲を始めちゃったんで、期間をおかないで、割と二、三週間くらいの期間を経て、それからすぐに同棲しちゃったんで、その間になんていうか決め事っていうのは決めちゃいましたね。

これらのケースでは、パートナー間の力関係が関わる意思決定プロセスが確認される。パートナー間で意思の相違が生じると、力関係において不利な立場の側は意思決定への関わりが難しくなる。その結果、立場の弱い側は、強い側の意思決定に従わざるを得ない。これは、ゲイカップル研究において、パートナー間の力関係が意思決定の不均衡と結びつくという知見（Harry 1982）と一致する。

3・6　ヘテロノーマティビティが意思決定プロセスに及ぼす影響

このような意思決定プロセスに対して、ヘテロノーマティビティはどのように影響するのか。親へのカミングアウトの困難が挙げられた。Iさんは、父親にカミングアウトしていないため、パートナーと同居する際に、父親を説得するのに苦労したことを語る。

Q：その、男性二人で家を借りる時に何か苦労したことってありますか。

I：うーん、何だろう。苦労したことは、まず、父親……母親は〔同性パートナーと付き合っていることを〕知ってるんで、いいんですけど、父親がわからない、知らないんですよ、あの、自分がそういう……。

Q：はい、はい。

I：そういうことで、「なんで？」ってなって、そういう反応でしたね。……（中略）……一番面倒くさかったのはそれですね。本当は黙って借りようと思ってたんですけど、あの、管理会社が意外としっかりしていて、わざわざ保証人〔である父親〕にまで連絡をしたんですね。それで発覚して、ちょっと面倒くさいことになったんですけど、それぐらいでしたね。

同性愛者が親にカミングアウトすることは困難であり、さらに、パートナーとの同居の意思決定に支障をきたす。このケースでは、ゲイカップルの民主的な意思決定プロセスにヘテロノーマティビティが困難をもたらすことがわかる。

4　パートナー関係の民主主義とその困難

欧米のクィア家族研究によれば、ロールモデルが不在である同性愛者において、交渉可能で平等な関係性が重視され、パートナー間で意思の相違が生じないか、生じても対話によって合意が成立することが想定されている。パートナー関係の民主主義の重要性と、レズビアン／ゲイカップルのパートナー間で意思決定の共有が関係性の満足と結びつくことが、明らかにされてきた。

ここから導かれるのは、パートナー関係の民主主義の重要性である。本書のゲイカップルの語りからも、家事や仕事、家計管理などに関して、パートナー間で合意が成立するプロセスが確認された。対話による交渉から合意に至る民主主義のプロセスが展開され、平等なパートナーシップが形成・維持されていた。

他方、本書ではパートナー関係の民主主義の困難も明らかになった。共通の財布を持つのか否か、カップル双方が生活費をどのように負担し、支出するのかをめぐって、意思の相違から緊張関係が生じていた。ロールモデル不在のもとで家計の独立性と共同性の対立が起こったのである。意思の相違やパートナー間の力関係があり、パートナーのどちらかが意思決定プロセスに関われなかったり、さらには、ゲイカップルの意思決定プロセスにヘテロノーマティビティが影響して、パートナー間の意思決定に困難をもたらすことが示された。

ゲイカップルの生活領域における意思決定プロセスにおいて、意思の相違から緊張関係が生じたり、力関係に基づく決定、ヘテロノーマティビティの影響が明らかになった。こうした関係性は、ギデンズやウィークスらが想定する民主制としての親密な関係性とは異なる。意思の相違、力関係、ヘテロノーマティビティを背景にして生じる民主主義の困難も視野に収め、意思決定モデルを構築する必要がある。

注

（1）たとえば、私的領域における民主主義の条件として、ベーシック・インカムが検討される（Pateman 2006）。ベーシック・インカムとは、すべての個人に対して、最低限の所得を無条件で保障するしくみを指す。ベーシック・インカムについては、Fitzpatrick（1999＝2005）、小沢（2002）を参照。

（2）意思決定プロセスに関するインタビューデータが十分に得られた生活領域に着目するため、家計管理、生活費負担、同居の経緯など、ケースにより取り上げる内容が異なる。また、詳しく語られた領域に着目して、各ケースをそれぞれのタイプの意思決定プロセスに分類したため、その他の領域において意思決定プロセスのタイプが一貫しているとは限らない。

終章　親密性とワークライフバランス論の課題

――近代家族と「純粋な関係性」のオルタナティブ

本書では〈親密性―生活の相互関係モデル〉に依拠して、ゲイカップルのパートナー関係・親密性・生活を考察してきた。その結果、①パートナー間の家計の独立、②カップル双方への仕事役割の期待、③生活領域における意思決定プロセスが示された。①を基盤として生活が個別化し、パートナー間に生活水準の格差が生じること、②に関連して、パートナー間の重層的な役割構成、〈分かち合う親密性〉、精神的サポート、③からは民主的で平等なパートナーシップの実践と困難が示された。

さらに、ゲイカップルの家事は異性愛家族とは異なり、④収入に応じた家事サービスの利用、⑤パートナー間の柔軟で平等な家事分担によって特徴づけられることを示した。

終章では、Doing Gender アプローチ(1)、キャリントンおよびデュンのクィア家族研究と、本書のゲイカップル研究を接続することによって、親密性とワークライフバランス論の課題を示し、本書のまとめとしたい。

1　ジェンダーを実践する／しない役割構成

1・1　Doing Genderアプローチとは何か

Doing Genderとは、日々の生活の中でジェンダーがいかに生成されるのかを分析することで、自己や他者にとってのジェンダーの意味づけをとらえるアプローチである。サラ・F・バーク（Berk 1985）によれば、家事労働には二つのプロセス、すなわち、家庭内のモノやサービスの創出と、ジェンダーの生成がある。人々は家事・育児と同時にジェンダーを実践する。これが家庭の物質的および象徴的な生成を可能にするメカニズムである（Berk 1985: 201）。Doing Genderアプローチに従うと、異性愛家族において女性の家事・育児はジェンダーの実践であり、女性であることや女性らしさが確認される。

Doing Genderアプローチはさまざまな場面で応用された。キャンディス・ウェストとドン・ジンマーマンはホックシールドの感情労働に応用して、女性のフライトアテンダントは航空会社の利益を支えるのに必要な「感情労働」を実践すると同時に、女性性を生み出すという（West and Zimmerman 1987: 144）。

Doing Genderアプローチはおもに異性愛家族を対象としてきたが、ゲイカップルは双方に仕事役割が求められることから、ジェンダーの作用があると考えられる。ダイアナ・コーとアビー・E・ゴールドバーグはDoing Genderアプローチを同性カップルに応用し、仕事と家事の調整を考察した（Khor 2007; Goldberg 2013）。

コーによれば、Doing Genderアプローチを同性カップルに応用した従来の研究は、旧来のジェンダーの役割期待に従わない人の存在を十分考慮していない。また、Doing Genderのプロセスは、同性と異性のカップルではそれぞれ異なる可能性がある（Khor 2007：36-49）。コーは、同性カップルの家事分担の統計データから①（特にレズビアンカップルにおいて）平等な家事分担パターンが見られること、②同性カップルにおけるジェンダーの重要性を明らかにしている。こうした結果から、レズビアン／ゲイはジェンダーの役割期待に従うのではなく、新たな規範を構築すると同時に、ジェンダー規範に自覚的という意味で、ジェンダーを実践するとしている（Khor 2007：68）。

ゴールドバーグはクィア理論を参照し、Doing Genderアプローチを同性カップルに応用することで、ジェンダーや家事に対する理解を深め、同性カップルがどのように家事の意味を再構築するのかを考察できるという（Goldberg 2013：86-88）。ゴールドバーグによれば、同性カップルの家事と仕事の分担は平等であると主張する研究は現実を過度に単純化し、同性カップルに内在する多様性を曖昧にしている。「同性カップルは異性愛規範から自由であるため、家事分担は完全に平等」という見込みは不適切であり、平等である場合もそうでない場合もある。さらに、異性愛カップルとは異なり、同性カップルにおけるジェンダーの作用は伝統的でもヒエラルキー的でもない。洗車などのいわゆる「男性的」家事の意味は、ゲイ男性と異性愛者の男性では異なるのではないかという（Goldberg 2013：88, 92, 95）。

これらの知見から、個人がジェンダー役割の期待に従わない可能性や、Doing Genderのプロセスや意味が同性愛者と異性愛者では異なることがわかる。

1・2　ゲイカップルへの応用とワークライフバランス

本書を通じてゲイカップルの特徴として、カップル双方への仕事役割の期待を述べたが、仕事役割と男性性を関連づけた語りとそうでない語り、仕事と家事に関する男性同性愛者特有の語りが聞かれた。ゲイカップルにおける（Un）Doing Gender は三つの層で構成される。①ジェンダーを実践するプロセス、②ジェンダーを実践しないプロセス、③独自にジェンダーを実践するプロセス、である。

①ジェンダーを実践するプロセス　「男性は仕事に従事しなければならない」のように、男性であることを理由にカップル双方が働く必要があるという男性性の語りが聞かれた。これは既存のジェンダー規範に従っている。さらに、ゲイカップルに仕事優先の生活が見られることも、男性が仕事を優先する点でジェンダーを実践するプロセスとして位置づけられる。

②ジェンダーを実践しないプロセス　男性性や性別と関連づけない仕事役割の語りもあった。おそらく生活上の必要性によって仕事への従事が重視され、ジェンダーを実践しない働き方ととらえられる(2)。さらに、家事と仕事の二重負担に対するパートナーの不満を受け入れ、家事を平等に分担するようになった語りも、ジェンダーを実践しないプロセスといえる。

③独自にジェンダーを実践するプロセス　職業生活では男性の役割、家庭生活では女性の役割というように、ゲイカップルの特徴として、生活の各領域で異なる役割が重層的に構成されることを第6章で論じた。男性性のジェンダー実践と女性性のジェンダー実践の双方が一人のゲイ男性によって担われる。こうした特徴は異性愛家族の男女のジェンダー実践とは区別される。ワークライフバランスのとれていたゲイカップルも、その理念や平等な家事分担は明確に意識されていなかった。

こうした役割構成を考察するには、ゲイ男性の意識や行動をジェンダーとセクシュアリティの両面からとらえる必要がある。ジェンダーの視点から見ると、ゲイ男性は異性愛者の男性と同じように、仕事への従事が求められる。パートナーの収入だけで生活が成り立つであろうケースにおいてもゲイ男性は働く必要性を語り、さらには、そのことがパートナーから肯定的に評価されていることに照らしても、男性性のジェンダー実践としての仕事への従事が見てとれる。

セクシュアリティの視点から見ると、ゲイ男性は、男性である自分自身に従来の女性の役割を重ねるという独特の語りが聞かれた。たとえば、パートナーの好意を得るために料理を頑張ったり、Aさんのように「妻として入った」ために家事を行うケースがあった。異性愛の従来の性別役割分業をゲイ男性が取り入れたと解釈するならば、女性性のジェンダー実践が見てとれる。ジェンダーとセクシュアリティから見ると、ワークライフバランスやその理念を明確に自覚しなくても、ゲイ男性は男性性のジェンダー実践と女性性のジェンダー実践の双方を行っており、それがワークライフバランスに結びついている。

2 日本のゲイカップルのワークライフバランス

2・1 階層の不平等と、同性愛者の可視性

第2章で示したように、キャリントンによれば、アメリカでは裕福な同性カップルは、そうでない同性カップルよりも頻繁に外食をするなどの家事の省力化を行うため、家事時間が短くなり、平等な家事分担が達成される。外食産業において、階層が低く、裕福でない人々が雇われて働く一方、裕福な同性カップルが、

市場において家事サービスを購入し、家事をめぐる対立を回避することが可能になる（Carrington 1999：61-62）。パートナー間の平等な家事分担が社会全体の階層の不平等によって支えられている。

近代家族においては、家事遂行が愛情表現とされるため、家事の外部化への抵抗感が示される。他方、ゲイカップルにおいて、家事は愛情表現という規範は見られず、家事の外部化によって負担を縮減するケースが見られた。こうしたケースでは、カップル双方の労働時間が長く収入も比較的高いこと、家事サービスの利用が経済的に可能であり、どちらか一方に家事が偏らないことが示された。したがって、パートナー間の平等な家事分担は社会全体の階層の不平等によって支えられるという、キャリントンが明らかにした社会構造は、日本においても該当するであろう。

ヘテロノーマティビティの経験がゲイカップルの生活に及ぼす影響は、米国のように同性愛者の存在が可視化された社会と、そうでない社会では異なるであろう。第2章で論じたように、米国では、同性愛者に対するガラスの天井が存在し、同性愛者が仕事で昇進することが困難であるため、仕事よりも家庭が重視されるという。日本ではカミングアウトの困難や職場での差別的言動など、影響の様相が異なる。同性パートナーとの同居を職場に知られたくないために、別々に固定電話を所有するなど、ゲイカップルに生活の個別性が生じていた。日米の違いだけでなく、本人がカミングアウトしているか否かによって影響が異なる可能性も考えられる。同性愛者の可視性／不可視性を取り入れた考察が必要である。

2・2　重層的な役割構成によるワークライフバランス

デュンは性的アイデンティティが職業生活と家庭生活に与える影響を研究する必要性を説いたが（Dunne

1998)、本書では異性愛や同性愛などカップルのタイプによって、家事分担や余暇活動などの生活領域の経験がどのように異なるのか、その一端を示した。

異性愛家族を模倣してゲイカップルにも男役と女役があるとみなされることがあるが、本書のすべてのゲイカップル双方に仕事役割が期待されていたことは、同性カップルの大多数は双方が働くべきと認識しているという『アメリカンカップルズ』の知見と一致する。異性愛家族では夫婦間で異なるジェンダー役割が期待されるのに対して、ゲイカップルでは双方が職業生活と家庭生活において、重層的に構成された役割を実践することで、ワークライフバランスが可能になるのではないか。

3　ゲイカップルのパートナー関係・親密性・生活と民主主義のゆくえ

3・1　〈分かち合う親密性〉と生活の個別性の両立

本書では、ゲイカップルのパートナー関係・親密性・生活を、ワークライフバランス、民主主義、平等の実現と困難から考察してきた。ここで全体の議論を統合して考察を深めたい。

ゲイカップルのパートナー関係において、家事／余暇活動のシェアによって一体感が生じることを〈分かち合う親密性〉と名づけた。共働きカップルの増加に伴って、異性愛家族にも同様の特徴が見出せるかもしれないが、実証されていない。

こうした〈分かち合う親密性〉は、第4章で示した家計組織の独立性、生活の個別性と矛盾しているように見えるかもしれない。なぜなら、家計の独立は個人化や個別の行動を促進し〈分かち合い〉とは相容れないように見えるためである。〈分かち合い〉は従来の家族生活における家計の共同や経済的な扶養義務を指すと思われるかもしれない。

しかし、本書では家計の独立や生活の個別性が見られるカップルにおいて〈分かち合う親密性〉が確認された。Eさんとパートナーは、共通の財布を持たず、家計は独立しているが、料理法の違いを楽しんでいた。Jさんは週末や仕事の帰りにパートナーと一緒の買い物を、Cさん、Lさんは二人で映画を楽しみ、AさんとBさん、Dさん、Fさん、Kさんはパートナーと旅行するなど、家事／余暇活動のシェアが見られた。Cさん、Lさんは家計は独立していたが、精神的サポートを行っていた。従来の家族社会学では、家族における親密性は家計や生活の共同性を前提とするきらいがあったが、パートナー間の家計の独立や生活の個別性と〈分かち合う親密性〉は両立しうる。

本書では、親密性と生活の相互関係だけではなく、同性愛者が受ける差別的言動などヘテロノーマティビティの社会関係・イデオロギーの影響を考察に取り入れた。第9章でパートナー間の意思決定プロセスに注目した結果、家事分担や家計管理、生活費負担において民主的な意思決定プロセスが見られる一方、カミングアウトをめぐる周囲との軋轢、同性愛差別などヘテロノーマティビティの影響のもとで民主主義の実現は困難であった。

こうした現実において〈分かち合う親密性〉はどのような意味を持つのか。第7章では家事／余暇活動のシェアが〈分かち合う親密性〉を生み、それがヘテロノーマティビティを克服する可能性を示した。異性愛規範を相対化する語りとして、Iさんはスーパーで店員など周囲の視線を気にせずに、パートナーと一緒に買い物をすることが示された。根強いヘテロノーマティビティの圧力のもとで、同性カップルの〈分かち合う親密性〉は緩衝材となり、民主主義と平等なパートナーシップの可能性を拓くのではないか。

3・2 カップル双方の仕事役割と余暇活動

本書ではゲイカップルの特徴として、カップル双方の仕事役割の期待を挙げた。仕事に関する役割期待と実態の乖離は、パートナー関係に緊張を引き起こす。カップル双方に仕事役割が求められるにもかかわらず、カップルの一方は正社員で収入が高く、もう一方は非正規や求職中で収入が低く、経済的に不安定である実態が鮮明になった。こうした状況下で、収入の高いパートナーが生活費を多く負担することによって、二人の関係にゆらぎが生じていた。

たとえば、Iさんはパートナーに生活費を負担してもらうのは申し訳ない、パートナーと対等な関係を築きたいと語る。Mさんは、生活費の多くをパートナーが負担しているため、心苦しく思っており、パートナーから離別の話を持ちかけられるなど、パートナー関係が不安定化していた。パートナーが派遣社員のCさんは、パートナーが離職して求職活動をしなかった時に仕事を探すよう求めたことを語った。第6章で示したように、他のケースでも同様の語りが確認された。

レズビアンカップル、ゲイカップル、異性愛同棲カップル、異性愛法律婚カップルなど複数のタイプのカップルを比較検討した質的研究は少ないが、ブルームスティーンとシュワルツの『アメリカンカップルズ』(Blumstein and Schwartz 1983 = 1985a)によると、レズビアンや同棲者とは異なり、ゲイカップルは一方の収入が多いと関係が損なわれることがあるという。経済力は男性のアイデンティティの重要な部分であるため、お金を持つ方が相手よりも優位に立つ。このことは異性愛の夫婦にも当てはまる。しかし、夫も妻も、妻子を扶養する夫の能力に喜びを感じるが、ゲイの人々は扶養する側も、される側も心が休まらないという（Blumstein and Schwartz 1983＝1985a：111）。先に指摘したゲイカップルにおいても、同様の緊張関係が生じており、離別の可能性が示唆されることもあった。

仕事や余暇活動とパートナー関係について、『アメリカンカップルズ』には興味深い知見がある。ライフスタイルを仕事中心志向と関係中心志向に分けると、カップルの大多数において、異性愛、同性愛にかかわりなく、パートナーの片方あるいは双方が関係中心的であると満足感を生むという（Blumstein and Schwartz 1983＝1985a：223-225）。第8章では、ゲイカップルの精神的サポートを示したが、こうした行動は関係中心志向のパートナーによると解釈できる。パートナー間の精神的サポートは、親密な関係性を形成する上で重要な役割を果たし、CさんやJさんのようにカップル双方に一体感が生じる〈分かち合う親密性〉の成立にも深く関わる。

本書では余暇活動のシェアによる親密性を〈分かち合う親密性〉としたが、これは同性カップルと異性カップルの余暇の過ごし方の違いから説明できるかもしれない。『アメリカンカップルズ』によると、同性カップルは異性愛のカップルに比べて余暇活動を盛んに行い、二人だけの生活を築き上げる。異性愛者がパートナーと余暇活動を共有する機会が少ない理由として、異性愛者は同性の友人だけで経験できる友情のようなものが時々必要になること、さらに、レクリエーションはしばしば男性向き、女性向きであるという（Blumstein and Schwartz 1983＝1985a：242-248；同じ知見として Allan 1985＝2015）。

4　まとめと今後の課題

4・1　〈親密性―生活の相互関係モデル〉の理論的意義

一九九〇年代に展開されたギデンズの〈親密性モデル〉のパラダイムは、欧米の家族研究を席巻してきた。従来の婚姻制度や性別役割分業に依拠せず、愛情のみによって「純粋な関係性」が成立するとして、同性カップルが理想化されてきたといえよう。私的領域における民主主義を実現するというギデンズの構想は、現代社会において同性カップルが受けるヘテロノーマティビティの影響を考慮すると、現実からかけ離れているといわざるを得ない。しかし、ギデンズの親密性理論はいまなお家族研究への理論的影響力が大きく、将来、家族研究の古典の一つと位置づけられよう。

一方、オズワルドらは、制度化された異性愛はいかにして、特定の人々(3)に多くの権力、特権、地位、資源を保証するのかを重視して、ヘテロノーマティビティをクィア理論のエッセンスに挙げた（Oswald et al. 2009: 45）。本書では近代家族などの家族社会学の概念を、異性愛家族や異性愛者の関係性ととらえ直し、ヘテロノーマティビティを分析視角の基軸に据えて〈親密性―生活モデル〉を提唱した。

〈親密性―生活モデル〉は、ギデンズの「純粋な関係性」とは異なり、親密性と生活の相互関係を解明する理論枠組みである。このモデルの有効性は、異性愛社会における権力、特権、地位、資源の不均衡を背景に、人々の間に生じる力関係を考察することにある。同性愛者と異性愛者双方のパートナー関係に生じる問題を、ヘテロノーマティビティや階層／資源から考察することが可能である。

〈親密性―生活モデル〉は、家族研究のパラダイムである近代家族論や〈親密性モデル〉の限界を超えるオルタナティブの可能性をもつ。本書は同性愛者と異性愛者双方の関係性を視野に収め、異性愛家族と対比させながらゲイカップルの親密性と生活に深く分け入り、その内実を明らかにしてきた。

4・2　ジェンダーを実践する／しないワークライフバランス

本書では、ゲイカップルのパートナー関係の特徴として、仕事と家庭の重層的な役割構成を見出した。一人のゲイ男性が女性性や男性性などの複数の役割を内面化することで、仕事や家事、余暇などさまざまな生活領域に関わることができる。

第1章で検討したワークライフバランス論の四つの立場はいずれも異性愛家族を対象としていた。先の(Un)Doing Genderの三つの層から見ると、異性愛家族とゲイカップルに共通点と相違点があるが、本章では相違点、とりわけ男性同性愛者独自の方法でジェンダーを実践するプロセスに注目した。異性愛家族とは異なり、ゲイカップルはジェンダーを実践するプロセスを通して複数の役割期待に対処し、ワークライフバランスを実現するオルタナティブを拓くかもしれない。すなわち、ゲイ男性独自のジェンダー実践が、ワークライフバランスに結びつく可能性がある。

他方、ジェンダーを実践しないプロセスとは、性別役割分業の要請に従わずに、仕事や家事・育児を遂行し、余暇を過ごすことで、ワークライフバランスを実現することを意味する。ジェンダーを実践しないことの意義は異性愛家族だけでなく、セクシュアル・マイノリティにおいても確認された。たとえば本書では、ゲイカップルのパートナー間で家事分担が柔軟に変更されることを示した。

ただ、ジェンダーを実践していないように見えるゲイカップルも、現代社会において男性に求められる役割を無意識のうちに内面化し、ジェンダーとは別の理由で働く必要性を強調している可能性があり、「男は稼ぐべき」という男性性の規範から解放されているかはわからない。したがって、家族やパートナー関係の変容が急速に進む現代において、ジェンダーを実践しないワークライフバランスをきめ細かく観察する必要がある。また、ゲイカップルのジェンダー実践のプロセスにおいて、一人の人間における複数の役割の遂行はどのようにして可能になるのか、さらに考察を深める必要がある。

4・3　今後の研究課題

本書で扱うことができなかったが、同性カップルの出会いと別れは、パートナー関係の理解において重要である。本書では、パートナーとの良好な関係を語っていたにもかかわらず、再調査時には離別していたカップルも存在する（4）。日本国内では女性カップルの出会いの研究（Kamano and Khor 2008）はあるものの、十分な研究蓄積はない。出会いと別れの研究には、非同居カップルも含める必要がある。ゲイカップルは同居しない例がかなりあり、同性愛者の生き方のロールモデルが確立していない現状において、同居カップルと非同居カップルの違いは何かという興味深いテーマともつながる。

子育てや介護は、家族やパートナー関係にとって非常に重要な問題である。本書のインタビュー調査には、子育てや介護をしているカップルは存在しなかった。ゲイカップルはレズビアンカップルに比べて、子どもを持つハードルが高いこと、対象者は20代から30代の比較的若い世代が多く、パートナーや親の介護をしていなかったことが理由と思われる。今後は子育てや介護に関わるカップルの実態を知る必要がある。

さらに、グローバリゼーションの影響も重要性が増している。インタビュー調査では、日本人と外国人のカップルは存在したが、日本人同士のカップルとの比較はできなかった。また、日本では一般化していないためであろうが、外国人家事労働者による家事サービスの利用も見られなかった。近年、先進国を中心に外国人家事労働者の雇用が広がっている。外国人家事労働者の解禁が進みつつある現在、日本にも参入する可能性は十分に考えられる（第5章）。ゲイカップルの家事の外部化がどのように再編されるのか、パートナー関係にどのような影響を及ぼすのかが注目される。

本書では「家事労働ハラスメント」（竹信 2013）をめぐる論争など「誰が家事／家計を担うのか」というアクチュアルな問題に触れられなかったが、欧米の家族研究ではアン・オークレー『家事の社会学』やホックシールド『セカンド・シフト』をはじめ、なぜ女性に家事が偏るのか、家庭内役割や家事・育児分担の平等／不平等が論じられてきた（第6章、Allan 1985 = 2015）。日本において「今こそ就労・家族生活・余暇のあり方について、包括的な見直しが求められている」（水無田 2014）。本書が示した〈親密性―生活モデル〉とワークライフバランス論は、この問いを解き明かすヒントの一つとなろう。ダイバーシティと平等なパートナーシップを形成するワークライフバランス論の現代的展開を期したい。

最後に、日本の男性の長時間労働の問題がゲイカップルにおいて先鋭化する可能性がある。本書の調査時では、週60時間以上など長時間労働のカップルが目立ったが、男性同性愛者は男性異性愛者より過重に働いているのか、ゲイカップルは異性愛カップルより長時間労働なのか。男性同性愛者と男性異性愛者の労働時間の比較や、複数のタイプのカップルの労働時間の実証が必要であり、これも今後のワークライフバランス論の課題としたい。

注

（1）Doing Gender（ジェンダー実践、ジェンダーを実践する）は、ここでは原語のまま表記する。

（2）インタビューにおいて男性性と関連づけた仕事役割の語りがなかったケースを、ジェンダーを実践しない働き方と判断してよいかについては、検討を要する。無意識のうちに現代社会において男性に求められる役割を内面化した結果、働く必要性をジェンダーと関連づけない可能性が考えられるためである。

（3）オズワルドら（Oswald et al. 2009）は、「特定の人々」を具体的に記述していないが、おそらく異性愛者もしくは異性愛家族を形成する人々が想定されている。

（4）再調査時にパートナーと離別していたケースは、初回の調査時に遡って質問を行った。

あとがき

本書は、筆者が二〇一三年度に中央大学大学院文学研究科に提出した博士論文「ゲイカップルの親密性と生活に関する研究―クィア家族研究と後期近代社会論の視座―」をもとに、全章に加筆修正を行ったものである。本書の第1、2、9章は、その後発表した論文と一部重なっている。

『ゲイカップルのワークライフバランス』という書名は、セクシュアル・マジョリティを前提として行われてきた家族研究を刷新するという意味を込めている。終章で述べたことは日本において十分に扱われてこなかった課題であり、セクシュアル・マイノリティを含むパートナー関係や家族理解を深める上で重要である。本書も調査から年月を経て、修正を求められるかもしれない。今後もこうした作業を継続し、新たなテーマに取り組んでいきたい。

本書の研究にあたっては多くの方々のご厚意とご協力をいただいたことに、謝意を表したい。

まず、調査に協力いただいたゲイカップルの方々に感謝を表したい。長時間にわたるインタビューにお答えいただき、プライベートに触れる質問にも応じていただいた。こうしたご協力をいただいたおかげで、本書の研究が可能になった。心から感謝を申し上げたい。

次に、大学院時代の恩師である山田昌弘先生には、博士課程からご指導をいただき、博士論文審査の主査をはじめ、論文執筆にきめ細かいアドバイスをいただいた。また、大学院のゼミでは社会学理論の文献研究を通して、本書の研究の基盤を形成し、考察を深めることができた。大変感謝している。

さらに、博士論文の副査を引き受けてくださった矢島正見先生と釜野さおり先生にも感謝を申し上げたい。矢島先生には、大学院修士課程在籍時のゼミ等で助言や指導をいただき、インタビュー調査の手法や質的データのまとめ方について学ばせていただいた。釜野先生は、同性カップルという研究テーマにおいて、筆者と一番問題関心が近いのではないかと思う。学会や研究プロジェクトにおいて、さまざまなアドバイスをいただくことができた。

この他にもさまざまな方々にお世話になった。個人のお名前をすべて挙げることはできないが、研究会へのお礼を申し上げたい。ＤＦＳ研究会、お茶の水女子大学や明治大学におけるセクシュアリティに関する研究会、中央大学の多摩日曜会のメンバーには、筆者の研究報告に対して率直な意見をいただき、研究者として精進する機会をいただいた。

最後に、両親にお礼を述べたい。いつも応援してくれる両親には感謝している。

二〇一七年八月

著　者

Weston, Kath, 1991, *Families We Choose: Lesbians, Gays, Kinship*, New York: Columbia University Press.

Wienke, Chris and Gretchen J. Hill, 2013, "Does Place of Residence Matter?: Rural-Urban Differences and the Wellbeing of Gay Men and Lesbians," *Journal of Homosexuality*, 60(9): 1256-1279.

山田昌弘, 1994,『近代家族のゆくえ――家族と愛情のパラドックス』新曜社.

―――, 1996,「書評　アンソニー・ギデンズ著　松尾精文・松川昭子訳『親密性の変容』」『家族社会学研究』8, 199-201.

―――, 2007,『少子社会日本――もうひとつの格差のゆくえ』岩波新書.

―――, 2014,「日本の家族のこれから」『社会学評論』64(4): 649-662.

山口一男, 2008,「男女の賃金格差と女性の統計的差別の解消への道筋」山口一男・樋口美雄編『論争　日本のワーク・ライフ・バランス』日本経済新聞出版社, 212-239.

―――, 2009,『ワークライフバランス――実証と政策提言』日本経済新聞出版社.

―――, 2017,『働き方の男女不平等――理論と実証分析』日本経済新聞出版社.

柳原良江, 2007,「『親になること』におけるジェンダーの力学――レズビアン・マザーたちのライフヒストリーの語りから」『F-GENS ジャーナル』9: 135-143.

柳沢正和・村木真紀・後藤純一, 2015,『職場の LGBT 読本――「ありのままの自分」で働ける環境を目指して』実務教育出版.

Young, Jock, 1999, *The Exclusive Society: Social Exclusion, Crime and Difference in Late Modernity*, London: Sage.（＝青木秀男・伊藤泰郎・岸政彦・村澤真保呂訳, 2007,『排除型社会――後期近代における犯罪・雇用・差異』洛北出版）

善積京子, 1997,『〈近代家族〉を超える――非法律婚カップルの声』青木書店.

―――, 2003,「〈近代結婚〉の揺らぎ――スウェーデン社会からみた結婚の意義」『家族社会学研究』14(2): 43-53.

財団法人家計経済研究所, 1991,『現代核家族の風景――家族生活の共同性と個別性』大蔵省印刷局.

―――, 2000,『新　現代核家族の風景――家族生活の共同性と個別性』大蔵省印刷局.

婚，事実婚，同性婚［増補改訂版］』緑風出版.
杉浦郁子・矢島正見, 2000,「同性愛者のライフスタイル」善積京子編『結婚とパートナー関係——問い直される夫婦』ミネルヴァ書房, 105-122.
砂川秀樹・RYOJI 編, 2007,『カミングアウト・レターズ——子どもと親, 生徒と教師の往復書簡』太郎次郎社エディタス.
鈴木康宏・土井徹, 2015,「未就学児の子どものいる女性看護師のワーク・ファミリー・コンフリクト——未就学児の子どものいる一般就労女性との比較を通して」『日本健康医学会雑誌』24(2): 114-129.
竹信三恵子, 2013,『家事労働ハラスメント——生きづらさの根にあるもの』岩波新書.
竹内大編, 2011,『GQ JAPAN』4 月号 : 95.
谷口真美, 2005,『ダイバーシティ・マネジメント——多様性をいかす組織』白桃書房.
特定非営利活動法人虹色ダイバーシティ・国際基督教大学ジェンダー研究センター, 2016,「LGBT に関する職場環境アンケート 2016」http://nijiirodiversity.jp/lgbt に関する職場環境アンケート 2016-2/最終閲覧日 2017 年 11 月 10 日.
筒井淳也, 2015,『仕事と家族——日本はなぜ働きづらく, 産みにくいのか』中公新書.
脇坂明, 2008,「経営戦略としての WLB」学習院大学経済経営研究所編『経営戦略としてのワーク・ライフ・バランス』第一法規, 1-18.
Walters, Andrew S. and Maria-Cristina Curran, 1996, “Excuse Me, Sir? May I Help You and Your Boyfriend?: Salespersons’ Differential Treatment of Homosexual and Straight Customers, ” *Journal of Homosexuality*, 31(1/2): 135-152.
Weeks, Jeffrey, Brian Heaphy and Catherine Donovan, 1998, “Everyday Experiments: Narratives of Non-heterosexual Relationships,” Elizabeth B. Silva and Carol Smart eds., *The New Family?*, London: Sage, 83-99.
———, 2001, *Same Sex Intimacies: Families of Choice and Other Life Experiments*, London: Routledge.
West, Candace and Don H. Zimmerman, 1987, “Doing Gender,” *Gender and Society*, 1(2): 125-151.

Consumer Cultures: Issues and Impact," *Journal of Homosexuality*, 31(1/2): 109-134.
三部倫子, 2014,『カムアウトする親子――同性愛と家族の社会学』御茶の水書房.
佐藤博樹, 2017,「ダイバーシティ経営と人材活用――働き方と人事管理システムの改革」佐藤博樹・武石恵美子編『ダイバーシティ経営と人材活用――多様な働き方を支援する企業の取り組み』東京大学出版会.
佐藤博樹・武石恵美子, 2010,『職場のワーク・ライフ・バランス』日経文庫.
Shelton, Beth A. and John Daphne, 1996, "The Division of Household Labor," *Annual Review of Sociology*, 22: 299-322.
志田哲之, 2005,「親密な人間関係――人々の関係はどう変化しているのか？」円岡偉男編『社会学的問いかけ――関係性を問い返す』新泉社, 103-127.
重本津多子・室津史子, 2015,「異なる組織基盤をもつ看護師のワーク・ファミリー・コンフリクトと主観的職務満足に関する研究」『ヒューマンケア研究学会誌』6(2): 35-40.
品田知美, 1999,「日米女性の家事時間――家族における近代の位相」『社会学評論』50(3): 362-374.
Solomon, Sondra E., Esther D. Rothblum and Kimberly F. Balsam, 2004, "Pioneers in Partnership: Lesbian and Gay Male Couples in Civil Unions Compared with Those Not in Civil Unions and Heterosexual Married Siblings," *Journal of Family Psychology*, 18(2): 275-286.
———, 2005, "Money, Housework, Sex, and Conflict: Same-Sex Couples in Civil Unions, Those Not in Civil Unions and Heterosexual Married Siblings," *Sex Roles*, 52: 561-575.
Spanier, Graham B., 1976, "Measuring Dyadic Adjustment: New Scales for Assessing the Quality of Marriage and Similar Dyads," *Journal of Marriage and the Family*, 38(1): 15-28.
Stacy, Judith and Timothy Biblarz, 2001, "(How) Does the Sexual Orientation of Parents Matter?" *American Sociological Review*, 66(3): 159-183.
杉浦郁子, 2008,「女性カップルの生活実態に関する調査分析――法的保障ニーズを探るために」『日本＝性研究会議会報』20(1): 30-54.
杉浦郁子・野宮亜紀・大江千束, 2016,『パートナーシップ・生活と制度――結地平』高菅出版.

Ozwald, Ramona F., Katherine A. Kuvalanka, Libby B. Blume, and Dane Berkowitz, 2009, "Queering 'the Family'," Sally A. Llyod, April L. Few and Katherine R. Allen eds., *Handbook of Feminist Family Studies*, Thousand Oaks, CA: Sage, 43-55.

Pahl, Jan, 1989, *Money and Marriage*, London: Macmillan.（＝室住真麻子・木村清美・御船美智子訳, 1994,『マネー＆マリッジ——貨幣をめぐる制度と家族』ミネルヴァ書房）

Pateman, Carole, 2006, "Democratizing Citizenship: Some Advantages of a Basic Income," Erik O. Wright ed., *Redesigning Distribution: Basic Income and Stakeholder Grants as Cornerstones for an Egalitarian Capitalism*, London and New York: Verso, 101-119.

Patterson, Charlotte J., 1995, "Families of the Lesbian Baby Boom: Parents' Division of Labor and Children's Adjustment," *Developmental Psychology*, 31(1): 115-123.

Patterson, Charlotte J., Erin L. Sutfin and Megan Fulcher, 2004, "Division of Labor among Lesbian and Heterosexual Parenting Couples: Correlates of Specialized Versus Shared Patterns," *Journal of Adult Development*, 11: 179-189.

Pelonza, Lisa, 1996, "We're Here, We're Queer, and We're Going Shopping! A Critical Perspective on the Accommodation of Gays and Lesbians in the US Marketplace," *Journal of Homosexuality*, 31(1/2): 9-41.

Peplau, Letitia A. and Leah R. Spalding, 2000, "The Close Relationships of Lesbians, Gay Men, and Bisexuals," Clyde Hendrick and Susan S. Hendrick eds., *Close Relationships: A Sourcebook*, Thousand Oaks, CA: Sage, 111-124.

Peplau, Letitia A., Adam Fingerhut and Kristin P. Beals, 2004, "The Sexuality in the Relationships of Lesbians and Gay Men," John H. Harvey, Amy Wenzel and Susan Sprecher eds., *The Handbook of Sexuality in Close Relationships*, Mahwah, NJ and London: Erlbaum, 349-369.

Rudd, Nancy A., 1996, "Appearance and Self-Presentation Research in Gay

告書」平成29年3月 http://wwwa.cao.go.jp/wlb/research/wlb_h2903/chapter1-3.pdf 最終閲覧日2017年11月10日.
———,「仕事と生活の調和（ワーク・ライフ・バランス）の実現に影響を与える生活環境に関する意識調査」平成24年3月 http://wwwa.cao.go.jp/wlb/research/ pdf/wlb-net-svy-no4.pdf 最終閲覧日2017年11月10日.
———,「仕事と生活の調和とは（定義）」 http://wwwa.cao.go.jp/wlb/towa/definition.html 最終閲覧日2017年11月10日.
———,「政府の取組」 http://wwwa.cao.go.jp/wlb/government/index.html 最終閲覧日2017年11月10日.
———,「なぜ今仕事と生活の調和なのか」〈http://wwwa.cao.go.jp/wlb/towa/nanoka.html〉 最終閲覧日2017年11月10日.
NHK放送文化研究所, 2015,『国民生活時間調査報告書』平成28年2月 https://www.nhk.or.jp/bunken/research/yoron/pdf/20160217_1.pdf 最終閲覧日2017年11月10日.
日本経団連出版編, 2008,『ワークライフバランス推進事例集——ゆとりややりがいを生み出す14社の取り組み』日本経団連出版.
日本経済団体連合会, 2017,「ダイバーシティ・インクルージョン社会の実現に向けて」http://www.keidanren.or.jp/policy/2017/039.html 最終閲覧日2017年11月10日.
日本労働組合総連合会, 2016,「LGBTに関する職場の意識調査〜日本初となる非当事者を中心に実施したLGBT関連の職場意識調査〜」 http://www.jtuc-rengo.or.jp/news/chousa/data/20160825.pdf 最終閲覧日2017年11月10日.
西岡八郎, 2004,「男性の家庭役割とジェンダー・システム——夫の家事・育児行動を規定する要因」目黒依子・西岡八郎編『少子化のジェンダー分析』勁草書房, 174-194.
落合恵美子, 1989,『近代家族とフェミニズム』勁草書房.
———, 2004,『21世紀家族へ——家族の戦後体制の見かた・超えかた［第3版］』有斐閣選書.
大沢真知子, 2006,『ワークライフバランス社会へ——個人が主役の働き方』岩波書店.
小沢修司, 2002,『福祉社会と社会保障改革——ベーシック・インカム構想の新

現代家計——家計の組織化に関する研究』大蔵省印刷局, 5-17.
———, 1995,「家計内経済関係と夫妻間格差——貨幣と働く時間をめぐって」『季刊家計経済研究』25: 57-67.
———, 1996,『家庭生活の経済』放送大学教育振興会.
———, 2008,「ジェンダーセンシティブなワーク・ライフ・バランス論をめざして」山口一男・樋口美雄編『論争　日本のワーク・ライフ・バランス』日本経済新聞出版社, 82-105.
御船美智子・木村清美・室住真麻子, 1992,「現代家計分析の視点（第 1 報）——家計の構造化, 組織化について」『家庭経済学』5: 7-11.
Mills, Wright C., 1959, *The Sociological Imagination*, New York: Oxford University Press.（＝鈴木広訳, 1965,『社会学的想像力』紀伊國屋書店）
水無田気流, 2014,「家事の論争史」『朝日新聞』9 月 21 日 http://book.asahi.com/reviews/column/2014092100001.html
宮本孝二, 2001,「書評　アンソニー・ギデンズ著　松尾精文・松川昭子訳『親密性の変容——近代社会におけるセクシュアリティ, 愛情, エロティシズム』」『女性学評論』15: 117-123.
Moore, Mingnon R., 2008, "Gendered Power Relations among Women: A Study of Household Decision Making in Black, Lesbian Stepfamilies," *American Sociological Review*, 73: 335-356.
森岡孝二, 2005,『働きすぎの時代』岩波新書.
———, 2015,『雇用身分社会』岩波新書.
森山至貴, 2017,『LGBT を読みとく——クィア・スタディーズ入門』ちくま新書.
永井暁子, 1999,「家事労働遂行の規定要因」樋口美雄・岩田正美編『パネルデータからみた現代女性——結婚・出産・就業・消費・貯蓄』東洋経済新報社, 95-125.
内閣府男女共同参画局ホームページ「男女の働き方と仕事と生活の調和（ワーク・ライフ・バランス）に関する調査結果概要〜少子化と男女共同参画に関する意識調査より〜」平成 18 年 12 月 http://www.gender.go.jp/kaigi/senmon/syosika/pdf/g-work.pdf　最終閲覧日 2017 年 11 月 10 日.
内閣府ホームページ「主に男性の家事・育児等への参画に向けた仕事と生活の調和推進のための社内制度・マネジメントのあり方に関する調査研究報

———, 1995, “Lesbian and Gay Couples,” Anthony R. D’Augelli and Charlotte J. Patterson eds., *Lesbian, Gay, and Bisexual Identities over the Lifespan: Psychological Perspectives*, New York: Oxford University Press, 243-261.

Kurdek, Lawrence A. and Schmitt J. Patrick, 1986, “Relationship Quality of Partners in Heterosexual Married, Heterosexual Cohabiting, and Gay and Lesbian Relationships,” *Journal of Personality and Social Psychology*, 51(4): 711-720.

Luhmann, Niklas, 1982, *Liebe als Passion: Zur Cordierung von Intimität*, Frankfurt: Surhkamp.（＝佐藤勉・村中智子訳, 2005,『情熱としての愛——親密さのコード化』木鐸社）.

牧村朝子, 2016,『ゲイカップルに萌えたら迷惑ですか？——聞きたい！けど聞けない！ LGBTsのこと』イースト新書Q.

マサキチトセ, 2015,「排除と忘却に支えられたグロテスクな世間体政治として米国主流『LGBT』運動と同性婚推進運動の欺瞞」『現代思想』43(16): 75-85.

松田茂樹, 2004,「男性の家事参加——家事を規定する要因」渡辺秀樹・稲葉昭英・嶋崎尚子編『現代家族の構造と変容』東京大学出版会, 175-189.

———, 2006,「育児期の夫と妻のワーク・ファミリー・コンフリクト——合理性見解対ジェンダー役割見解」『家族社会学研究』18(1): 7-16.

———, 2007,「共働きが変える夫婦関係」永井暁子・松田茂樹編『対等な夫婦は幸せか』勁草書房, 1-11.

松浦素子・菅原ますみ・酒井厚・眞榮城和美・田中麻未・天羽幸子・詫摩武俊, 2008,「成人期女性のワーク・ファミリー・コンフリクトと精神的健康との関連——パーソナリティの調節効果の観点から」『パーソナリティ研究』16(2): 149-158.

McWhirter, David P. and Andrew M. Mattison, 1984, *The Male Couple: How Relationships Develop*, Englewood Cliffs: Prentice Hall.

Mezey, Nancy J., 2008, *New Choices, New Families: How Lesbians Decide about Motherhood*, Baltimore, MD: The John Hopkins University Press.

———, 2012, “How Lesbian and Gay Men Decide to Become Parents or Remain Childfree,” in Goldberg and Allen eds., 59-70.

御船美智子, 1992,「家計組織化研究の目的」財団法人家計経済研究所編『ザ・

1 章に収録）
風間孝・河口和也, 2010,『同性愛と異性愛』岩波新書.
河口和也, 2003,『クィア・スタディーズ』岩波書店.
———, 2013,「ネオリベラリズム体制とクィア的主体——可視化に伴う矛盾」『広島修大論集』54(1): 151-169.
Khor, Diana, 2007, “Doing Gender: A Critical Review and an Exploration of Lesbigay Domestic Arrangements,” *Journal of LGBT Family Studies*, 3(1): 35-73.
木村清美, 2004,「家計の共同性と平等性」善積京子編『スウェーデンの家族とパートナー関係』青木書店, 171-199.
King, Eden B., Ann H. Huffman and Chad I. Peddie, 2012, “LGBT Parents and the Workplace,” in Goldberg and Allen eds., 226-233.
Klawitter, Marieka M., 2002, “Gays and Lesbians as Workers and Consumers in the Economy,” Diane Richardson and Steven Seidman eds., *Handbook of Lesbian and Gay Studies*, London, Thousand Oaks, CA and New Delhi: Sage, 329-338.
児玉真樹子・深田博己, 2010,「育児中の女性正社員の就業継続意思に及ぼすメンタリングの効果——ワーク・ファミリー・コンフリクトと職業的アイデンティティに着目して」『社会心理学研究』26(1): 1-12.
小堀彩子, 2010,「子どもを持つ共働き夫婦におけるワーク・ファミリー・コンフリクト調整過程」『心理学研究』81(3): 193-200.
権丈英子, 2008,「ワーク・ライフ・バランス——経済的発想の功罪」山口一男・樋口美雄編『論争　日本のワーク・ライフ・バランス』日本経済新聞出版社, 166-186.
久保田裕之, 2009a,「若者の自立／自律と共同性の創造——シェアハウジング」牟田和恵編『家族を超える社会学——新たな生の基盤を求めて』新曜社, 104-136.
———, 2009b,『他人と暮らす若者たち』集英社新書.
Kurdek, Lawrence A., 1993, “The Allocation of Household Labor in Gay, Lesbian and Heterosexual Married Couples,” *Journal of Social Issues*, 49: 127-139.

からのサーベイ」『家族社会学研究』21(2) : 188-194.
———, 2009c,「性愛の多様性と家族の多様性——レズビアン家族・ゲイ家族」牟田和恵編『家族を超える社会学——新たな生の基盤を求めて』新曜社, 148-171.
———, 2012,「性的指向は収入と関連しているのか——米国の研究動向のレビューと日本における研究の提案」『論叢クィア』5: 63-81.
Kamano, Saori and Diana Khor, 2008, "'How Did You Two Meet?': Lesbian Partnerships in Present-day Japan," Stevi Jackson, Liu Jieyu and Woo Juhyun eds., *East Asian Sexualities: Gender, Modernity and New Sexual Cultures*, London: Zed Books, 161-177.
神谷悠介, 2011,「ゲイカップルにおける家事，仕事，愛情のあり方——異性愛家族を対象とした家事分担理論の検討を通じて」『年報社会学論集』24: 74-85.（加筆して本書第 6 章に収録）
———, 2012,「ゲイカップルの家事と仕事——相対的資源説の視点から」『中央大学大学院研究年報』41: 117-128.（加筆して本書第 6 章に収録）
———, 2013,「ゲイカップルの家計組織とパートナー関係」『家族社会学研究』25(2): 135-147.（加筆して本書第 4 章に収録）
———, 2014a,「『純粋な関係性』概念の検討——ゲイカップルの関係性および生活の実証分析を通じて」『中央大学大学院研究年報』43: 65-82.（加筆して本書第 2 章に収録）
———, 2014b,「ゲイカップルの親密性と生活に関する研究——クィア家族研究と後期近代社会論の視座」中央大学大学院文学研究科社会学専攻博士後期課程, 博士論文.（神谷 2011, 2012, 2013, 2014a を収録）
———, 2015a,「〈親密性—生活の相互関係モデル〉——クィア家族研究の再構成を通じて」『自然・人間・社会』58: 41-59.（加筆して本書第 2 章に収録）
———, 2015b,「ゲイカップルの生活領域における意思決定プロセス——民主主義の視点からの考察」『家族研究年報』40: 77-91.（加筆して本書第 9 章に収録）
———, 2015c,「LGBT 家計研究の最前線」『季刊　家計経済研究』107: 72-75.（加筆して本書序章に収録）
———, 2016,「ワークライフバランスの視座と射程——多様なカップル関係の視点を取り入れた考察」『自然・人間・社会』61: 75-91.（加筆して本書第

Goldberg, Abbie E. and Katherine R. Allen eds., 2012, *LGBT-Parent Families: Innovations in Research and Implications for Practice*, New York: Springer.

Greenhaus, Jeffrey H. and Nicholas J. Beutell, 1985, "Sources of Conflict between Work and Family Roles," *The Academy of Management Review*, 10(1): 76-88.

濱口桂一郎, 2015,『働く女子の運命』文春新書.

Harry, Joseph, 1982, "Decision Making and Age Differences among Gay Male Couples," *Journal of Homosexuality*, 8(2): 9-21.

———, 1984, *Gay Couples*, New York: Praeger.

平森大規, 2015,「職場における性的マイノリティの困難――収入および勤続意欲の多変量解析」『Gender and Sexuality』10: 91-118.

池本美香, 2008,「少子化対策におけるワーク・ライフ・バランスへの期待」山口一男・樋口美雄編『論争　日本のワーク・ライフ・バランス』日本経済新聞出版社, 143-165.

石井クンツ昌子, 2004,「共働き世帯における男性の家事参加」渡辺秀樹・稲葉昭英・嶋崎尚子編『現代家族の構造と変容』東京大学出版会, 201-214.

石川栄吉・梅棹忠夫・大林太良・蒲生正男・佐々木高明・祖父江孝男, 1994,『[凝縮版] 文化人類学事典』弘文堂.

Jamieson, Lynn, 1999, "Intimacy Transformed? A Critical Look at the 'Pure Relationship'," *Sociology*, 33(3): 477-494.

Jones, David A., 1996, "Discrimination against Same-sex Couples in Hotel Reservation Policies, " *Journal of Homosexuality*, 31(1/2): 153-159.

株式会社電通, 2015,「電通ダイバーシティ・ラボが『LGBT 調査 2015』を実施」http://www.dentsu.co.jp/news/release/2015/0423-004032.html　最終閲覧日 2017 年 11 月 10 日.

株式会社 LGBT 総合研究所（博報堂 DY グループ）, 2016-17,「2016 年度 LGBT 意識行動調査　調査レポート」平成 29 年 2 月　http://www.hakuhodo.co.jp/uploads/2017/02/20170208-1.pdf　最終閲覧日 2017 年 11 月 10 日.

Kamano, Saori, 2009a, "Housework and Lesbian Couples in Japan: Division, Negotiation and Interpretation," *Women's Studies International Forum*, 32: 130-141.

釜野さおり, 2009b,「日本における家族研究――クィア・スタディーズの視点

Eadie, Jo, 2004, *Sexuality: The Essential Glossary*, London: Arnold.（＝金城克哉訳, 2006,『セクシュアリティ基本用語事典』明石書店）

Esping-Andersen, Gøsta, 2009, *The Incomplete Revolution: Adaptong to Women's New Roles*, Cambridge: Polity Press.（＝大沢真理監訳　不破麻紀子・田宮遊子・今井貴子・冨江直子・難波早希訳, 2011,『平等と効率の福祉革命――新しい女性の役割』岩波書店）

Fitzpatrick, Tony, 1999, *Freedom and Security: An Introduction to the Basic Income Debate*, London and New York: Palgrave Macmillan.（＝武川正吾・菊地英明訳, 2005,『自由と保障――ベーシック・インカム論争』勁草書房）

Foucault, Michel, 1976, *La volonté de savoir*, Paris: Gallimard.（＝渡辺守章訳, 1986,『性の歴史Ｉ　知への意志』新潮社）

Freitas, Anthony, Susan Kaiser and Tania Hammidi, 1996, "Communities, Commodities, Cultural Space, and Style," *Journal of Homosexuality*, 31 (1/2): 83-107.

Furlong, Andy and Fred Cartmel, 1997, *Young People and Social Change*, Buckingham: Open University Press.（＝乾彰夫・西村貴之・平塚眞樹・丸井妙子訳, 2009,『若者と社会変容――リスク社会を生きる』大月書店）

Geist, Claudia, 2005, "The Welfare State and the Home: Regime Differences in the Domestic Division of Labour," *European Sociological Review*, 21: 23-41.

Giddens, Anthony, 1991, *Modernity and Self-Identity: Self and Society in the Late Modern Age*, Cambridge: Polity Press.（＝秋吉美都・安藤太郎・筒井淳也訳, 2005,『モダニティと自己アイデンティティ――後期近代における自己と社会』ハーベスト社）

―――, 1992, *The Transformation of Intimacy: Sexuality, Love and Eroticism in Modern Society*, Cambridge: Polity Press.（＝松尾精文・松川昭子訳, 1995,『親密性の変容――近代社会におけるセクシュアリティ, 愛情, エロティシズム』而立書房）

Goldberg, Abbie E., 2013, " 'Doing' and 'Undoing' Gender: The Meaning and Division of Housework in Same-Sex Couples," *Journal of Family Theory & Review*, 5: 85-104.

Polity Press.（＝松尾精文・小幡正敏・金堂隆三訳, 1997,『再帰的近代化——近現代における政治, 伝統, 美的原理』而立書房）

Becker, Gary S., 1965, "A Theory of the Allocation of Time," *Economic Journal*, 75: 493-517.

Berk, Sarah F., 1985, *The Gender Factory: The Apportionment of Work in American Households*, New York: Plenum Press.

Blackwell, Roger D., James F. Engel and Paul W. Miniard, 2005, *Consumer Behavior* (10th ed.) , Mason, Ohio: Thomson South-Western.

Blood, Robert O. and Donald M. Wolfe, 1960, *Husbands and Wives: The Dynamics of Married Living*, New York: Free Press.

Blumstein, Philip and Pepper Schwartz, 1983, *American Couples: Money, Work, Sex*, New York: Morrow.（＝南博訳, 1985a,『アメリカンカップルズ　マネー＋ワーク』白水社）

———, 1983, *American Couples: Money, Work, Sex*, New York: Morrow.（＝南博訳, 1985b,『アメリカンカップルズ　セックス』白水社）

Carrington, Christopher, 1999, *No Place Like Home: Relationships and Family Life among Lesbian and Gay Men*, Chicago and London: The University of Chicago Press.

Cheal, David, 2002, *Sociology of Family Life*, London: Palgrave Macmillan.（＝野々山久也訳, 2006,『家族ライフスタイルの社会学』ミネルヴァ書房）

Dahl, Robert A., 1998, *On Democracy*, New Haven: Yale University Press.（＝中村孝文訳, 2001,『デモクラシーとは何か』岩波書店）

D'Emilio, John, 1983, "Capitalism and Gay Identity," Ann Snitow, Christine Stansell, and Sharon Thompson eds., *Powers of Desire: The Politics of Sexuality*, New York: Monthly Review.（＝風間孝訳, 1997,「資本主義とゲイ・アイデンティティ」『現代思想　総特集レズビアン／ゲイ・スタディーズ』25-6: 145-158）

Dunne, Gillian A., 1997, *Lesbian Lifestyles: Women's Work and the Politics of Sexuality*, London: University of Toronto Press.

———, 1998, *Living "Difference": Lesbian Perspectives on Work and Family Life*, New York and London: The Haworth Press.

参考文献

Aaker, Jennifer, Anne Brumbaugh and Sonya Grier, 2002, "Non-Target Markets and Viewer Distinctiveness: The Impact of Target Marketing on Advertising," *Journal of Consumer Psychology*, 9 (3): 127-140.

Allan, Graham, 1985, *Family Life: Domestic Roles and Social Organization*, Wiley.（＝天木志保美訳, 2015,『家族生活の社会学――家庭内役割の不平等はなぜ続くのか』新曜社）

Almack, Kathryn, 2005, "What's in a Name? The Significance of the Choice of Surnames Given to Children Born within Lesbian-parent Families," *Sexualities*, 8(2): 239-254.

青木幸弘, 2010,『消費者行動の知識』日本経済新聞出版社.

朝井友紀子, 2011,「欧州企業における働き方とワーク・ライフ・バランス」佐藤博樹・武石恵美子編著『ワーク・ライフ・バランスと働き方革命』勁草書房, 74-107.

朝日新聞, 2015,「同性パートナー条例成立」4 月 1 日.

Bauman, Zygmunt, 1993, "The Review of the Transformation of Intimacy," *Sociological Review*, 41, 363-368.

———, 2000, *Liquid Modernity*, Cambridge: Polity Press.（＝森田典正訳, 2001,『リキッド・モダニティ――液状化する社会』大月書店）

———, 2003, *Liquid Love: On the Frailty of Human Bonds*, Cambridge: Polity Press.

Beck, Ulrich, 1986, *Risikogesellschaft*, Frankfurt: Suhrkamp.（＝東廉・伊藤美登里訳, 1998,『危険社会――新しい近代への道』法政大学出版局）

Beck, Ulrich and Elisabeth Beck-Gernsheim, 1990, *Das Ganz Normale Chaos der Liebe*, Frankfurt: Surhkamp.（＝Mark Ritter and Jane Wiebel, trans. 1995, *The Normal Chaos of Love*, Cambridge: Polity Press.）

Beck, Ulrich, Anthony Giddens and Scott Lash, 1994, *Reflective Modernization: Politics, Tradition and Aethetics in the Modern Social Order*, Cambridge:

な行

は行

ま行

や行

ら行

わ行

さ行

た行

事項索引

ま行

や行

ら行

わ行

人名索引

著者紹介

神谷　悠介（かみや　ゆうすけ）

1983年生まれ

中央大学大学院文学研究科博士後期課程修了　博士（社会学）

中央大学客員研究員　関東学院大学ほか非常勤講師　専門社会調査士

専攻　家族社会学，ジェンダー・セクシュアリティ論

主要論文

「ゲイカップルにおける家事，仕事，愛情のあり方――異性愛家族を対象とした家事分担理論の検討を通じて」『年報社会学論集』24号，2011年；「ゲイカップルの家計組織とパートナー関係」『家族社会学研究』25巻2号，2013年；「ゲイカップルの生活領域における意思決定プロセス――民主主義の視点からの考察」『家族研究年報』40号，2015年

新曜社　**ゲイカップルのワークライフバランス**
男性同性愛者のパートナー関係・親密性・生活

初版第１刷発行　2017年12月５日
初版第２刷発行　2020年６月15日

著　者　神谷　悠介
発行者　塩浦　暲
発行所　株式会社　新曜社
〒101-0051　東京都千代田区神田神保町3-9
電話（03）3264-4973㈹・Fax（03）3239-2958
E-mail：info@shin-yo-sha.co.jp
URL：http://www.shin-yo-sha.co.jp/
印刷　メデューム
製本　積信堂

ISBN978-4-7885-1538-3　C1036

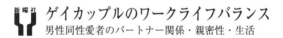

新曜社ブックリストから

野辺陽子
養子縁組の社会学　〈日本人〉にとって〈血縁〉とはなにか
A5判上製384頁・4500円

G・アラン　天木志保美 訳
家族生活の社会学　家庭内役割の不平等はなぜ続くのか
四六判上製304頁・4500円

小林盾・川端健嗣 編
変貌する恋愛と結婚　データで読む平成
四六判並製282頁・口絵4頁・2500円

元森絵里子・南出和余・高橋靖幸 編　吉岡一志・大嶋尚史・坪井瞳・藤間公太・針塚瑞樹・土屋敦・野辺陽子 著
子どもへの視角　新しい子ども社会研究
A5判並製208頁・2600円

小林多寿子・浅野智彦 編　牧野智和・西倉実季・鷹田佳典・桜井厚・伊藤秀樹・中村英代・森一平・湯川やよい・野口裕二 著
自己語りの社会学　ライフストーリー・問題経験・当事者研究
四六判並製304頁・2600円

中村英代
社会学ドリル　この理不尽な世界の片隅で
A5判並製208頁・1900円

鹿嶋　敬
男女平等は進化したか　男女共同参画基本計画の策定、施策の監視から
四六判上製360頁・3600円

表示価格は税抜